Günter Helmes

Das *soll* Herder sein?

IGEL VERLAG

HAMBURG

SchriftBilder
Studien zur Medien- und Kulturwissenschaft
Bd. 12

Hg. von Günter Helmes und Stefan Greif

SCHRIFTBILDER
Studien zur Medien- und
Kulturwissenschaft
Herausgegeben von Günter Helmes und Stefan Greif

Günter Helmes

Das *soll* Herder sein?

Bildnisse von Johann Gottfried Herder als Manifestationen (re-)präsentations- und erinnerungskultureller Praktiken zwischen spätem 18. und frühem 20. Jahrhundert

MEDIEN UND KULTUR

Günter Helmes
Das *soll* Herder sein?
Bildnisse von Johann Gottfried Herder als Manifestationen (re-)präsentations- und erinnerungskultureller Praktiken zwischen spätem 18. und frühem 20. Jahrhundert
SchriftBilder. Studien zur Medien- und Kulturwissenschaft, Bd. 12

1. Auflage 2020
ISBN: 978-3-86815-743-7
Covergestaltung: Annelie Lamers

© IGEL Verlag *Literatur & Wissenschaft*, Hamburg 2020
Alle Rechte vorbehalten.
www.igelverlag.de

IGEL Verlag *Literatur & Wissenschaft* ist ein Imprint
der Bedey Media GmbH
Hermannstal 119 k, 22119 Hamburg
Printed in Europe

Die Deutsche Bibliothek verzeichnet diesen Titel in der
Deutschen Nationalbibliografie.
Bibliografische Daten sind unter http://dnb.d-nb.de verfügbar.

Inhaltsverzeichnis

„Goethes Bild hat sie sehr zart ergriffen, zarter als er ist; daher die ganze Welt über Unähnlichkeit schreiet, die doch aber wirklich im Bilde nicht existiert. Die zarte Seele hat ihn sich so gedacht, wie sie ihn gemalt."[1]

I. Von der Beschäftigung mit biographischen Erzeugnissen

Bei der um einer These, einer Erkenntnis willen betriebenen Beschäftigung mit biographischen Erzeugnissen geht es zwar immer darum, danach zu fragen, wer der Dargestellte[2] *tatsächlich* gewesen ist, in allen Aspekten seiner Person und seines privaten und beruflichen Lebensvollzugs vielleicht sogar; doch macht es dabei wenig Sinn, davon auszugehen, dass diese Frage(n) allgemeinverbindlich beantwortet werden könnte(n). Das gilt ganz unabhängig davon, ob in entwicklungsgeschichtlicher, individual- oder sozialbiographischer Perspektive gearbeitet wurde oder, metaphysisch bzw. mythographisch vollmundig, gar dem Wesen, dem Stil oder der Gestalt dieser Person nachgegangen wurde.

---

[1] So Johann Gottfried Herder in einem Brief an seine Frau Caroline vom 27. Februar 1789 aus Rom über ein Porträt, das Angelika Kauffmann während Goethes Aufenthalt in Rom 1787-88 anfertigte (zit. nach: Freies Deutsches Hochstift, 1982, S. 66, Kommentar zu Abb. 102). Herder akzentuiert hier die visuelle Wiedergabe von Innerem im zweifachen Sinne – das Innere des Porträtierten und dasjenige der Porträtistin – und favorisiert hier diese Porträtpraxis gegenüber der naturalistisch-dokumentarischen Wiedergabe von bloßem Äußerem. (Vgl. hier Herders Einlassungen zu Trippels Büsten und Anm. 52) – Goethe selbst mochte Kauffmanns Bild im Übrigen nicht. In der *Italienischen Reise* heißt es unter dem 27. Juni 1787: „Angelica mahlt mich auch [wie zeitgleich Johann Heinrich Wilhelm Tischbein; vgl. dessen berühmtes *Goethe in der Campagna*; GH], daraus wird aber nichts. Es verdrießt sie sehr, dass es nicht gleichen und werden will. Es ist immer ein hübscher Bursche, aber keine Spur von mir." (Goethe: *Italienische Reise, Zweiter Römischer Aufenthalt*, S. 353). – Vgl. auch Anm. 33.

[2] Der Lesbarkeit halber wird das generische Maskulinum für alle Geschlechter verwendet.

Brauchbare, das heißt diskursfähige und dem kollektiven kulturellen Gedächtnis anzuempfehlende Antworten[3] bekommen wir nur, wenn wir – der Erwartung nach bescheidener, doch des Ensembles der Faktoren nach ungleich komplexer – drei miteinander verflochtene und selbst wieder binnendifferenzierte Fragen an die biographischen Erzeugnisse richten, Fragen, denen es letztendlich um die sich dem Vergleich der Erzeugnisse verdankenden Testate *zutreffend, teilweise zutreffend* und *nicht zutreffend* geht:

a) Wer oder was, zum einen, ist irgendeiner für einen anderen oder auch für sich selbst wann mittels welches Mediums gewesen – „Dieser da"?

b) Unter welchen als solchen vielgestaltigen, interagierenden gesellschaftlichen und individuellen Bedingungen, Weisen sowie Zielen und Funktionen, zum zweiten, ist es für jemanden zu diesem „Dieser da" gekommen?

c) Welche Plausibilität, zum dritten, kann jeder einzelne von uns als geschichtliches Subjekt jenem „Dieser da" als der Resultante aus primären, sekundären und tertiären Lebenszeugnissen[4] unterschiedlichster Art und deren Zugriffsmodalitäten zusprechen?

Brauchbare Antworten bekommen wir von daher nur, wenn wir versuchen, einen wie auch immer kodifizierten Text – das können Sprachtexte oder auch Bilder[5], Büsten und Statuen sein – als Text zu beschreiben, zu analysieren und ihm Bedeutung(en) und Funk-

---

3 Die behauptete Qualität dieser Antworten ergibt sich also sowohl aus deren wissenschaftlichen Fundierungen als auch aus den weltanschaulichen und politisch-gesellschaftlichen Positionierungen der Antwortenden.

4 Unter primären Lebenszeugnissen sind beispielsweise einzelne Werke oder Briefe des Dargestellten zu verstehen, unter sekundären beispielsweise Äußerungen von Zeitgenossen, die sich auf den eigenen direkten Umgang mit dem Dargestellten beziehen, unter tertiären hingegen solche, die auf solche primären und sekundären Lebenszeugnisse Bezug nehmen.

5 Zur Theorie des Bildes vgl. beispielsweise Sachs-Hombach (Hrsg.; 2005) und Probst, Klenner (Hrsg.; 2009).

tion(en) innerhalb seiner Entstehungszeit[6], unseres eigenen Kontextes und ggf. dazwischen liegender Zeiten zuzuschreiben.

Dass dabei auch das selbstverständlich mögliche Geschäft des Beschreibens und Analysierens, das sich auf technische Eigenschaften des Textes bezieht, kein objektives im strengen Wortsinne sein kann, sondern lediglich ein objektivierbares, ergibt sich aus der gerne vernachlässigten Historizität unserer Sinne, unseres Denkens, unserer Erfahrung, unseres Wissens und unseres Interesses als textkonstitutiven Faktoren. Der betreffende Text ist, insofern wir sind.

Sinnvollerweise fragen sollten wir also immer nur[7] nach An-Sichten einer Person, deren situativen Konstituenten und deren prozessualer Entfaltung, nach Bildnern, Bildungsprozessen, deren Ergebnis sowie deren Präsentations-[8] und Zeigekontexten[9] also, verkürzt, nach Bildnissen oder auch Porträts, seien diese sprachlicher

---

[6] Zumindest für die frühen der hier angesprochenen Herder-Bildnisse ist in diesem Zusammenhang beispielsweise auf die Geselligkeitskultur und die spezifische literarische Öffentlichkeit der Zeit zu verweisen. Vgl. dazu näher Lacher (Hrsg.; 2010).

[7] Mit diesem „nur" sind selbstverständlich Fragen, die um „zutreffend" und „plausibel" kreisen und die in wissenschaftlicher und (kultur-)politischer Hinsicht unverzichtbar sind, nicht ausgeschlossen.

[8] Bei schrifttextlichen Bildnissen wäre vor allem an Genretraditionen (beispielsweise Biographie) und deren textliche Varianten (beispielsweise Gattungszugehörigkeit, Monographie, Skizze, Bestiarium) zu denken. Bei visuellen Bildnissen wäre analog dazu ebenfalls nach Traditionen, Konventionen und Innovationen zu fragen.

[9] Bei publizierten schrifttextlichen Bildnissen wäre beispielsweise nach Verlag (und dessen Renommee) und Buch-Typus (Reihe, Format, Schriftart, buchtechnische Qualität etc.) zu fragen. Bei visuellen Bildnissen ist ganz unabhängig von situativ-flüchtigen Kontexten wie beispielsweise der Enthüllung eines Denkmals oder der Überreichung eines Bildes nicht zu vernachlässigen, welches Format bzw. welche Größe sie haben, wo und wie sie hängen bzw. stehen und wie es um ihre Rahmung und Ausleuchtung bestellt ist. Ebenso von Bedeutung ist, insbesondere bei Denkmälern, in welchem räumlichen Verhältnis sich der Betrachter zu den Bildnissen befindet bzw. befinden darf bzw. befinden muss und inwiefern er dieses räumliche Verhältnis verändern kann, beispielsweise durch den Zoom einer Kamera. Was kann der Betrachter rein physiologisch unter welchen Bedingungen überhaupt wahrnehmen, und wie geht eine unter anderen Bedingungen gewonnene Wahrnehmung in die Wahrnehmung unter veränderten Bedingungen ein (Detail und / vs. Gesamteindruck)?

9

oder visueller Natur; und eingestehen sollten wir uns dabei selbstverständlich, dass das, was wir selbst bei dieser Beschäftigung hervorbringen, sich immer konstituiert als: An-Sichten von zur Ansicht gebrachten An-Sichten.

Wie Texte und Bildnisse Personen porträtieren, dasjenige demnach zeigen, herausstellen, gestalten und deuten, was nach Ansicht des Porträtisten, des Porträtierten und / oder des Auftraggebers dem Äußeren, der Psyche, dem Intellekt, der Mentalität, dem Stand, dem Milieu, der Funktion oder auch dem Typus eben des Porträtierten entspricht,[10] so porträtieren *wir* wiederum diese Texte und Bildnisse nach Maßgabe der uns gegebenen Zeigemodalitäten und unserer eigenen Geschichtlichkeit.[11]

---

[10] „Entspricht" im Sinne von „naturalistische Reproduktion", „charakteristisch" oder „dienstbar".

[11] Insofern es um Intentionen der Porträtisten geht, lassen sich diese allenfalls näherungsweise aus den Porträts als solchen entnehmen; wie der literarische Text mehr weiß als der Autor, weiß auch das Porträt mehr als der Porträtist. – Mit Blick auf die im Folgenden verhandelten Herder-Bildnisse sind mir keine auf Intentionen abhebende Äußerungen der Porträtisten bekannt; die allerdings bräuchte es, um in dieser Hinsicht mehr als spekulieren zu können.

II. Vorhaben[12]

„Das *soll* Herder sein?" – Die bisherigen Ausführungen mögen deutlich gemacht haben, worauf eine ebenso ausgreifende wie detaillierte, das gesamte Ensemble an Faktoren berücksichtigende und allen Aspekten der einzelnen Objekte gerecht werdende Beschäftigung mit dem Thema Herder-Bildnisse hinauslaufen müsste. Eine solche Beschäftigung kann der vorliegende Beitrag allerdings allein aufgrund der diesbezüglichen Forschungslage, der Anzahl der vorgestellten Bildnisse sowie damit verbundener, arbeitspragmatischer Gründe keinesfalls darstellen. Er muss sich vielmehr darauf beschränken, anhand zentraler, vorwiegend den Bildnissen immanenter Aspekte grundlegende Tendenzen herauszuarbeiten und diese einer Diskussion zu überantworten, die an Aspekten reichere und ausdifferenzierende Forschungen generiert.

Nicht zu entnehmen ist den bisherigen Ausführungen freilich, dass sich der vorliegende Beitrag auf visuell-künstlerische Bildnisse Herders konzentriert, auf Gemälde, Stiche, Büsten und Standfiguren (Denkmäler) vornehmlich. Er tut dies, indem er für diese Bildnisse Zeigeformen – das heißt mit Blick auf Thesen und deren Diskussion auch: Belegformen – wählt, die hinsichtlich von Zugriffsmodalitäten mit denjenigen der schriftsprachlichen Bildnisse teilweise analog gesetzt werden können: zum einen die ab-bildliche Präsenz in Fotografien, die von den Eigentümern zur Verfügung gestellt wurden, zum anderen diejenige in einer anerkannten, freilich nur in Bibliotheken oder antiquarisch vorgehaltenen Buchpublikation und zum dritten diejenige im Internet.[13] Diese Zeigeformen unterscheiden sich selbstverständlich zwar in allen Fällen sowohl von den materiellen originalen als gegebenenfalls auch von dies-

---

12 Vgl. für vergleichbare Vorhaben Fratzke und Albrecht (1994), Werche (2007 und 2009), Grimm (2014) und insbesondere Beyer (2016).

13 Dabei wurde, soweit möglich, durch Autopsie selbstverständlich darauf geachtet, An-Sichten (fotografische Aufnahmen) von Herder-An-Sichten (visuelle Bildnisse) zu wählen, die das Original zumindest nicht offensichtlich verfälschen.

bezüglich zwischenzeitlichen oder derzeitigen Zeigeformen.[14] Doch sind diese historischen und aktuellen Zeigeformen entweder nur den gröberen Eckdaten nach bekannt bzw. nicht en détail rekonstruierbar[15] oder als Ensemble – da geographisch weit verstreut – nur mit hohem Aufwand zugänglich. Entscheidend darüber hinaus ist aber: Auch diese Zeigeformen selbst sind nicht „an sich", sondern müssen einer anwesenden weiteren Person wortwörtlich per Fingerzeig oder einer anonymen Leserschaft – wie derjenigen beispielsweise eines Buches – per fotografischer An-Sicht gezeigt werden, dann zumindest, wenn über diese visuellen Bildnisse ausgesagt werden und darüber verhandelt werden soll. Mit anderen Worten: Es bedarf in jedem Falle der An-Sicht (gemeinsame Autopsie vor Ort, ein und dieselbe Reproduktion) von An-Sichten (Bildnisse), wenn über diese An-Sichten (Bildnisse) verbalsprachlich, zumal in schriftsprachlicher Form, eine zur Überprüfung gestellte An-Sicht (Analyse / Interpretation) formuliert werden soll. Von daher wäre es sehr wünschenswert, wenn es in Buchform oder in elektronischer Form eine tendenziell vollständige Ausgabe von Reproduktionen visueller Herder-Bildnisse geben würde,[16] die aufgrund ihrer ‚neutralen' Wiedergabepraxis[17] den möglichst ungeteilten und uneingeschränkten Zuspruch des Fachpublikums finden würde.

---

[14] Das „Verzeichnis der gezeigten oder genannten Abbildungen" nennt für die gezeigten Abbildungen den derzeitigen Standort, sofern sich dieser nicht aus dem Fließtext ergibt.

[15] Vgl. Anm. 8 und 9. – Man denke beispielsweise auch an historische Beleuchtungsverhältnisse.

[16] Unübertroffen nach Anzahl und Qualität ist bislang die 1994 in *Johann Gottfried Herder, Ahndung künftiger Bestimmung* erschienene Sammlung von visuellen Herder-Porträts.

[17] ‚Neutral' bezieht sich insbesondere auf Winkel- und Abstandsverhältnisse zwischen Betrachter und Objekt sowie auf die Be- bzw. Ausleuchtung. Wie entscheidend u. a. Winkel- und Abstandsverhältnisse sind, lässt sich unschwer an der Betrachtung von Denkmälern ersehen. Macht es wirklich Sinn, ein solches Denkmal anhand von Detailaufnahmen zu ‚lesen', die sich aufwändigen technischen Apparaturen (Fernglas, Zoom) oder Betrachtungsstandpunkten (temporäres Podest) verdanken, die mit den Bedingungen alltäglicher Rezeption nichts zu tun haben? Sind solche Denkmäler nicht vielmehr daraufhin konzipiert, quasi ‚en passant' rezipiert zu werden?

Hinsichtlich der schriftsprachlichen Bildnisse hingegen werden nur einige pauschalierende Hinweise gegeben, deshalb vor allem, weil sie, zumal diejenigen des späten 19. Jahrhunderts und der ersten Hälfte des 20. Jahrhunderts, wesentlich mehr Aufmerksamkeit erhalten haben und von daher auch einen noch umfangreicheren Untersuchungsgegenstand abgeben.

III. Schriftliche Bildnisse

So unterschiedlich jene ‚Lager' beispielsweise nach Zeitläuften, Situation, Weltanschauung, Methode, Interesse und Adressat auch sind, denen man die bekannten Texte etwa der Haym, Kühnemann, Dobbek, Döppe, Harich, Kantzenbach, Mommsen, Irmscher, Zaremba oder jüngst Greif, Heinz und Clairmont zuordnen kann, so einhellig beschäftigt sie doch alle immer wieder die Frage, warum „von einer unmittelbaren Repräsentanz des Herderschen Genius im Bildungsbewusstsein [...] wohl kaum die Rede sein" (Kantzenbach 1970, S. 7) kann, ja, warum es um Herder so „tyrannisch still" ist, wie bereits Jean Paul[18] bemerkte.

Auf diese für alle zentrale Frage sind verschiedenste, innerhalb des jeweiligen Ansatzes sehr ausdifferenzierte Antworten gegeben worden – solche vor allem politischer, sozialgeschichtlicher, philosophischer, psychologischer, intellektueller und charakterlicher Natur. Diese Antworten gruppieren sich um eine im Folgenden keinesfalls vollständige Reihe von Schlagworten, die als Negativfaktoren für die Herder-Rezeption immer wieder genannt werden, die unter anderen Geschichts- und Wissenschaftsverläufen freilich auch als Vorzüge hätten gesehen werden können: Volksverbundenheit, Republikanismus, Individualismus, Sensualismus, Fragmentarismus und Enzyklopädistentum; darüber hinaus hat man als negative Persönlichkeitsmerkmale Humorlosigkeit, Empfindlichkeit, Ehrgeiz, Eitelkeit, Neid, Moralismus, Rebellen-, Querulanten- und Einzelgängertum sowie Hypochondrie ins Feld geführt;[19] und schließlich sind immer wieder Goethe und Schiller genannt worden, deren letztlich zwischen Reserve und Aburteilung changierende Urteile über Herder im Zuge ihrer eigenen Kanonisierung und Olympisierung immer mehr an Gewicht bekommen haben.

---

[18] Jean Paul, *Vorschule der Ästhetik*, Dritte Abteilung, III. Kantate-Vorlesung. Über die poetische Poesie, S. 455.
[19] Vgl. dazu im Einzelnen beispielsweise Zaremba (2003).

In diesem um Herders mangelnde Rezeption und Präsenz kreisenden, von der Biographik immer wieder hervorgehobenen und diskutierten Zusammenhang mag ein Hinweis den allseits behaupteten Eindruck relativieren, um Herder sei es – sieht man von der dem Umfang nach zwar einschlägigen, doch den gehaltlichen Zuschreibungen nach unseligen Herder-Rezeption im Nationalsozialismus einmal ab – immer schon ungerechtfertigt ruhig gewesen: In Gustav Könneckes 1908 erschienenem, weit verbreiteten *Deutschen Literaturatlas*,[20] der durch das Zugleich von Text- und von Bildmaterial hier von besonderem Interesse ist und der vor allem auf die schulische Verwendung zielte, findet sich Herder an prominenter Stelle und in prominentem Umfeld.

Es wird nicht verwundern, dass in dieser Ausgabe noch vor dem Titelblatt und somit geschichtsenthoben Goethe ganzseitig olympisch thront,[21] und verwundern wird man sich auch nicht darüber, dass auf den ersten beiden Seiten der Einleitung Schiller[22] und Lessing[23] auf ca. ein Seitenachtel großen Abbildungen zu sehen sind. Aber dann kommt schon der Auszug eines Stiches des 41-jährigen Herder[24] nach dem Porträt von Anton Graff, bevor es auf den Folgeseiten mit Büsten Goethes[25] sowie mit Grillparzer[26] und Mörike[27] weitergeht.

---

[20] Das ist die um eines günstigen Preises willen von 1675 (1. Aufl.) bzw. 2200 (2. Aufl.) auf immerhin noch 826 Abbildungen von Porträts, Handschriften, ersten Drucken, Unterschriften, Buchillustrationen etc. reduzierte Ausgabe des berühmten *Bilderatlas zur Geschichte der deutschen Nationalliteratur* von 1886 bzw. 1895. Zu beachten ist selbstverständlich, dass die Reproduktionen in diesem Bildatlas nicht farbig sind, den Betrachtern also mit den Farben ein wesentliches Gestaltungsmerkmal nicht zur Verfügung stand.

[21] In der Darstellung Joseph Karl Stielers von 1828.

[22] Im Relief von Bernhard Frank nach dem berühmten Reliefmedaillon von Johann Heinrich Dannecker von 1794.

[23] In der Sicht Johann Heinrich Tischbeins d. Ä. um 1755 (das Buch spricht irrtümlicherweise von 1765).

[24] Von Carl Wilhelm Constantin Stichling, Herders Schwiegersohn; nach 1800.

[25] Büsten von Christian Daniel Rauch und Christian Friedrich Tieck; beide von 1820.

[26] In einer Radierung von William Unger von 1872.

[27] In einem Schnitt von (Paul) Konewka von 1867.

Diese Hochgewichtung Herders in Könneckes Einleitung setzt sich im eigentlichen Innenteil des Buches fort: Zwar haben auch hier Goethe und Schiller einen „vielseitigen kleinen Bildatlas für sich" (Könnecke 1908, S. VI), aber auf drei eigene Seiten bringt es neben Lessing eben nur Herder (S. 75ff.), während sich Klopstock und Wieland mit zwei Seiten begnügen müssen und sich die erdrückende Mehrzahl an geistesgeschichtlichen Größen sogar eine Seite mit anderen teilen muss.

Auf den genannten drei Seiten sehen wir Herder – begleitet von einem allerdings anmutslosen Kommentar[28] – in einem Stich von Carl Hermann Pfeiffer aus dem Jahre 1800 nach dem Gemälde von Johann Friedrich August Tischbein von 1796, wir sehen Johann Heinrich Lips' Kupferstich von 1771,[29] gerechterweise auch eine Seitenansicht von Herders Frau Maria Caroline, die keineswegs nur den Herderschen Haushalt so gut wie möglich zusammenhielt, sondern ihren Gatten auch intellektuell begleitete,[30] sowie die Titelblätter etlicher Erstausgaben[31].

Herder – tatsächlich ein schon lange unterschätzter, ein vernachlässigter Autor?

---

[28] „[...] von Amtsgeschäften überladen, überarbeitet und in heftiger Polemik gegen die kantische Philosophie, mit seinen alten Freunden vielfach zerfallen" (Könnecke, 1908, S. 75).

[29] Hier entnommen Lavaters *Physiognomik* von 1777.

[30] Caroline Flachsland; ohne Angaben (anonymes Gemälde, um 1770).

[31] Des *Ersten Wäldchens* von 1769, eines „Auszug[s] aus einem Briefwechsel über Ossian und die Lieder der alten Völker" von 1773 (*Es sah' ein Knab' ein Röslein stehn*), der *Volkslieder* von 1778, der *Ideen zur Philosophie der Geschichte der Menschheit* von 1784, der ersten Sammlung *Briefe zur Beförderung der Humanität* von 1793 und abschließend der Separatausgabe des *Cid* von 1806. – Dazu wird eine Zeichnung des Geburtshauses in Mohrungen präsentiert.

IV. Künstlerische Bildnisse[32]

> „Es war eine schwierige Aufgabe für die bildende
> Kunst, die Züge eines so belebten Gesichts wieder-
> zugeben, doppelt schwierig, weil die Ähnlichkeit
> die Berücksichtigung des das Gesicht entstellenden
> Augenübels forderte. Tischbein und Angelica Kauf-
> mann, Graff, Rehberg und Bury haben sich zeichnend
> daran versucht. Mit keinem dieser [...] Bilder konnten
> sich die, welche den Lebenden gesehen, völlig befrie-
> digt erklären."[33]

Für die im Folgenden thematisierten nichtsprachlichen Bildnisse
Herders gilt es zu fragen, was sie im Sinne des lateinischen „pro-

---

[32] Herders Haltung zu den ihm bekannten Bildnissen seiner Person bleibt im
Folgenden in der Regel unberücksichtigt.

[33] Haym, 2. Band ([1885]1954), S. 876f. Haym fährt dann unter Berufung auf
Briefe Caroline Herders und eine „gütige[] Mitteilung des Geh. Staatsrats
Stichling" (ebd., S. 877, Anm. 183; Carl Wilhelm Constantin Stichling war
in zweiter Ehe mit Herders Tochter Luise verheiratet) detaillierter fort: „Als
weichlich und unbedeutend wird das Ölgemälde der Angelica, als verhältnismäßig ähnlich das von Tischbein bezeichnet. Sprechend und energisch ist
die Kreidezeichnung von Bury, die von Herders Tochter stets für das ähnlichste der vorhandenen Porträts erklärt wurde, während Herders Frau einer
verzeihlichen Täuschung unterlag, wenn sie in dem von Kügelgen im Jahre 1809 nach den vorhandenen Porträts und Büsten in freier künstlerischer
Reproduktion verfertigten Bilde die geliebten Züge am überraschendsten
wiederzufinden glaubte. Mit Herders Büste war es auch Klauer nicht gelungen. Besser geriet die von Trippel in Marmor ausgeführte [...]. Ein würdiges
Werk aber ist auch die nach dem Entwurf des Münchner Künstlers Schaller
ausgeführte Statue, der hauptsächlich eine Zeichnung von Jagemann und
eine von Tieck modellierte Büste zu Grunde liegen." (Ebd., S. 877) – Im
Unterschied zu Herder selbst (vgl. Anm. 1) macht Haym Ähnlichkeit bzw.
Unähnlichkeit und damit den Wert bzw. die Bedeutung eines künstlerischen
Bildnisses offensichtlich vor allem an Äußerem und dessen Dynamik fest.
Seine Äußerungen zu einzelnen Werken zeigen zudem, dass schon Herder
(sehr) nah stehende Zeitgenossen beispielsweise uneins darüber waren, welche Aufgabe ein Porträt mit Blick auf Inneres und Äußeres (sowie Ständisch-Berufliches) hat und wie das Innere Herders zu bewerten ist („weich"
vs. „energisch"), wer also Herder sein *soll*. Darüber hinaus wird deutlich,
dass Haym, der sich auf das subjektive Urteil Dritter (bspw. Stichling) beziehen muss, unter der Hand dann doch ein wahres Herder-Bild behauptet,
indem er von einer „verzeihlichen Täuschung", von „nicht gelungen" und
von „besser" spricht.

trahere" als Herder besonders ähnlich herausstellen, sei es Äußeres oder Inneres, Individuelles oder Typisches, Privates oder Öffentliches bzw. Amtliches.[34] Diese Bildnisse lassen sich selbstverständlich – Sehen ist Denken![35] – nicht allein aus sich selbst heraus verstehen, sondern bedürfen kultureller Wahrnehmungs- und Ordnungstechniken, multidisziplinären, beispielsweise auch Maltraditionen und -konventionen[36] umfassenden kulturellen Wissens, eines Erkenntnisinteresses und der Kontextualisierung, beispielsweise des Vergleichs mit anderen zeitgenössischen Bildnissen und deren Abbildungsintentionen und -praktiken. Diesen die Auswahl von Bildnissen und deren Verständnis befördernden Vergleich erhält man insbesondere dann, wenn man die von bedeutenden Malern geschaffenen knapp 130 Porträts in Öl heranzieht, die im sogenannten Freundschaftstempel des Gleimhauses in Halberstadt versammelt sind, kann man hier

---

[34] Dabei ist stets mit in Rechnung zu stellen, dass es sich, wie damals bereits seit der Renaissance gang und gäbe, um Auftragsarbeiten und damit um an sehr unterschiedliche Auftraggeber gebundene, darstellungskonstitutive Interessen gehandelt hat; diese Interessen können im Einzelfall selbstverständlich auch in Konflikt mit den Befähigungen, vor allem aber auch den (künstlerischen, professionell-marktorientierten und / oder pekuniären) Interessen des Künstlers geraten sein.

[35] Wie die Kameralinse, ist auch das Auge als solches nicht in der Lage, im Sinne des Fokussierens, Identifizierens, Strukturierens, Akzentuierens sowie Sinn- und Bedeutungszumessens zu sehen; es kann lediglich Sinnesdaten zur Verfügung stellen. Als ein Werkzeug bedarf es bzw. bedürfen diese Sinnesdaten in jeder Hinsicht der Weiterverarbeitung durch automatisierte, bewusste und / oder reflektierte Prozesse; diesen Prozessen, mögen sie einfach oder komplex ausfallen, eignet allesamt Historizität kultureller, kollektiver und subjektiver Art. Darüber hinaus ist daran zu erinnern, dass das einzelne Bild ggf. weiterer Bilder bedarf, um Polysemien (teils dramatischer, widersprüchlicher Art) aufzulösen. In diesem Zusammenhang ist insbesondere das berühmte Experiment des russischen Filmregisseurs und -theoretikers Lew Wladimirowitsch Kuleschows aus dem Jahre 1928 anzuführen, das gezeigt hat, dass ein- und dieselbe Einstellung je nach benachbarter Einstellung sehr unterschiedlich ausgelegt werden kann.

[36] Für das Porträt beispielsweise ist u. a. zwischen Standes-, Herrscher-, Adels-, Bürger-, Amts-, Gelehrten- und Künstlerporträt zu unterscheiden. Für dessen Entwicklung in einem Gutteil des hier in den Blick gefassten Zeitraums vgl. u. a. Kluxen (1989).

doch in Gestalt von Autoren, Künstlern, Gelehrten und Wissenschaftlern dem 18. Jahrhundert und dessen auf Normierung hinauslaufenden Porträtierungsintentionen und -konventionen quasi ,ins Gesicht schauen'.[37] Zunächst werden fünf Bildnisse aus den 1770er und frühen 1780er Jahren vorgestellt, die die zwei maßgeblichen Tendenzen für die weitere bildliche Herder-Darstellung sinnfällig werden lassen, Herder als Person bzw. bedeutende und berühmte Persönlichkeit hier und Herder als kirchlicher Amtsträger dort.[38] Auf diese erste Gruppe folgt dann eine aus sieben Bildnissen bestehende zweite Gruppe, die der ersten der beiden angesprochenen Tendenzen zuzuordnen sind und die zwischen der Mitte der 1780er Jahre und den 1830er Jahren entstanden sind. Eine dritte Gruppe mit drei Bildnissen repräsentiert hingegen die zweite ausgemachte Tendenz. Ein einziges Bildnis, das den ,ganzen', den ,Privatmann' wie den kirchlichen Amtsträger Herder wiedergebende Herder-Denkmal in Weimar,[39] beschließt schließlich den des Vergleiches halber um Schadows Wittenberger Luther-Denkmal (1821) und um Rietschels Weimarer Goethe-Schiller-Denkmal (1857) erweiterten Herder-Bilderbogen.[40]

---

[37] Zum Gleimhaus vgl. Scholke (Bearb.; 2000) und Lacher, Pott (Hrsg.; 2013). Siehe auch https://st.museum-digital.de/index.php?t=sammlung&instr=13&gesusa=36.

[38] Die Rede von Tendenzen mag verdeutlichen, dass es sich bei der Gruppierung nach „Person" bzw. „Persönlichkeit" einerseits und „kirchlicher Amtsträger" andererseits nicht um eine Entgegensetzung handelt, sondern um eine Akzentsetzung. Von daher antworten die behaupteten Gruppen auf die Frage, was in den jeweiligen Porträts im Vordergrund steht. Es versteht sich, dass das jeweils nicht Fokussierte im Bild wie im Akt des Betrachtens, auch für die Zeitgenossen, mitschwingt.

[39] Es versteht sich zum einen, dass „Privatmann" hier neben Bezeichnungen wie „Ehemann" oder „Familienvater" auch Bezeichnungen wie „Gelehrter", „Autor" oder „Philosoph" umschließt, zum anderen, dass „ganzen" hier „Summe der Zuschreibungen an den Privatmann und an den kirchlichen Amtsträger" meint und nicht im Sinne beispielsweise von „tatsächliche bzw. wahre Persönlichkeit" zu verstehen ist.

[40] Die Zusammenfassung präsentiert dann noch einen zwischen 1788 und 1802 entstandenen Stich eines pausbäckigen Johann Gottfried Herder von F. Weber Sc, der sich im Besitz des Verfassers befindet und der von der Forschung bislang nicht beachtet wurde.

IV.1 Tendenzen der Herder-Darstellung

Johann Ludwig Strecker (1721-1799)[41]

Hoch konventionalisiert, das heißt Individuelles und aktuell Erlebtes in den Hintergrund drängend[42] und den „lutherische[n] Pastor"[43] und Konsistorialrat, die Profession und den Stand hervorhebend, fällt die während Herders Bückeburger Zeit 1775 in Darmstadt entstandene und bis in die 1930er Jahre „so gut wie unbekannt[e]"[44] Darstellung von Johann Ludwig Strecker aus; die, zwischen Brustbild und Schulterstück angesiedelt, zeigt Herder von links im Halbprofil:[45]

---

[41] Strecker ist als Maler des Darmstädter Kreises (1769-1773) um Johann Heinrich Merck in die Kunstgeschichte eingegangen. Er hat vor allem die fürstliche Familie porträtiert. Von ihm sind aber auch – nicht zuletzt aus finanziellen Gründen – Porträts bürgerlicher Personen wie beispielsweise von Merck, von Georg Christoph Lichtenberg und von Herders Frau Caroline geschaffen worden bzw. überliefert. Vgl. Emmerling (1933, insb. S. 71-78) und Freies Deutsches Hochstift (1982, S. 156). – Es handelt sich um das „erste bekannte Porträt des jungen literarischen Genies und streitbaren Theologen in der Wildnis" (Juranek, 1994, S. 83); älter sind nur die Radierung von Pfenninger aus dem Jahre 1764 und vermutlich der um 1774 entstandene Kupferstich von Lips.

[42] Als das Porträt entsteht, ist Herder bereits seit vier Jahren unter schwierigen, ihn sehr belastenden Bedingungen in Bückeburg tätig; davon ist dem Porträt nichts zu entnehmen. Nicht zu übersehen ist allerdings die hohe Stirn, die Herder zusehends ein Stein des Anstoßes war.

[43] Juranek (1994, S. 86). Hier heißt es weiter: „Zukunftsgewandtheit [wie im Porträt seiner Frau; GH] auch hier, [...] der Blick aus den Augenwinkeln, den Betrachter musternd, skeptisch, forschend, überaus intelligent. Die Mundwinkel nur sacht nach oben gezogen, nicht lächelnd, dabei der Mund energisch, wissend" (ebd.). Diese Äußerungen machen einmal mehr deutlich, welchen hohen Anteil der Betrachter und dessen Vorwissen und Wollen an der Bedeutungsgenerierung von Porträts hat.

[44] Vgl. Emmerling (1933, S. 70), der darauf hinweist, dass das Porträt nicht einmal in Josef Nadlers *Herder-Bildnisse* (1930) aufgenommen worden ist.

[45] Vergleicht man dieses Herder-Porträt beispielsweise mit einem nach Juranek (1994, S. 83) zeitgleich, nach Emmerling (1933, S. 62-70) und dem Landesmuseum Darmstadt aber bereits 1771 entstandenen, ebenfalls von Strecker gemalten und auch in einer im Detail abweichenden Kopie von 1820 überlieferten Porträt von Marie Caroline Herder, geb. Flachsland (vgl. die Abbildung in *Johann Gottfried Herder, Ahndung*, 1994, S. 84, die diese Kopie

Abb. 1 (J. L. Strecker: Johann Gottfried Herder, 1775; Hessisches Landesmuseum Darmstadt, Inv.Nr. GK-587; © Foto: Hessisches Landesmuseum Darmstadt)

Das zur glatten Perücke mit nur einem seitlichen sogenannten Taubenflügel und mit Haarbeutel hinten stilisierte, gepuderte Haupthaar, das wenig konturierte,[46] wächsern wirkende Gesicht, die zwar lichtunterlegten, doch selbst eher matten, skeptisch aus den Winkeln schauenden Augen, deren Blick, obwohl auf uns gerichtet, zu gläsern ist, um Nähe herzustellen, die ausgeleuchtete, ebenso hohe wie breite Denkerstirn und dagegen der kaum ausgeführte, in schwarzem Tuch verhüllte zarte Rumpf, der starr wirkende, gezirkelt in der Horizontalen ruhende Sitz des Kopfes auf dem Hals und der

---

wiedergibt), dann lassen sich unschwer weitere Konventionalisierungen rein porträttechnischer Art wie die ungegenständliche Hintergrundgestaltung und -ausleuchtung sowie der ovale bildimmanente Rahmen beobachten. Es werden aber auch Unterschiede in der Porträtierungsabsicht deutlich, wirkt Caroline doch ungleich natürlicher im Sinne der äußeren Erscheinung oder auch des inneren, persönlichen Profils. Das Herder-Porträt kommt von daher Streckers höfischem Porträt von Luise, Prinzessin von Hessen-Darmstadt, der späteren Ehefrau Carl Augusts und damit Herzogin von Sachsen-Weimar-Eisenach, aus dem Jahre 1772/73 sehr viel näher als demjenigen der bürgerlichen Caroline.

[46] Konturen weist eigentlich nur die linke Wangenhälfte auf.

schnürend-hochgeschlossene Stehkragen mit vorgesetztem, weißem Beffchen – kein Zweifel, hier sollen uns ein Amt, dessen Würde und dessen Pflichten als solche präsentiert werden bzw. wird uns ein anscheinend ganz in seiner Funktion aufgehender, ‚kopflastiger‘ geistlicher Amts- und Würdenträger präsentiert. Der ist mit nur wenigen persönlich anmutenden Merkmalen ausgestattet – die weich ausfallende untere Gesichtshälfte mit rundem, fleischigem Kinn, voller Unterlippe und schmalem, roten Mündchen sind hier vor allem zu nennen –, die es allerdings bei einer einlässlichen Auseinandersetzung auszudeuten gälte. Signalisieren diese Merkmale etwa Eigenschaften des Porträtierten, die in Konflikt oder gar in Widerspruch zu den Charakteristika von Amts wegen stehen, oder sind sie bloße Äußerlichkeiten, die in keiner Verbindung zur Persönlichkeit des Porträtierten stehen?[47]

Martin Gottlieb Klauer (1742-1801)[48] und Alexander Trippel (1744-1793)[49]

Die antikisierenden, idealisierenden und auch rein äußerlich verschönernden Pendants zu diesem feudal-klerikalen Bildnis Herders von Johann Ludwig Strecker stellen die auf Multifunktionalität und

---

[47] Diesbezüglich ein Unvermögen des Malers anzunehmen scheint eher unangemessen, zeigt doch beispielsweise das erwähnte Porträt Carolines, dass Strecker ‚nach der (äußerlichen oder inneren) Natur‘ zu malen verstand.

[48] Klauer, der von Anna Amalia bereits 1773 berufen wurde, war seit 1777 als Hofbildhauer in Weimar und Bad Berka tätig; er war seit 1781 zudem Mitglied der Fürstlichen Freien Zeichenschule Weimar. Wieland schreibt 1781: „Bey dem Fuerstl. Hofbildhauer, Hr. Klauer, in Weimar, sind Gipsabgüsse der Abbildungen zu haben, welche derselbe von Herder, Göthe, und Wieland, sowol *en Buste* als *en Medaillon* vor kurzem nach dem Leben verfertigt hat. Wir sind Hrn. Klauer die Gerechtigkeit schuldig, zu gestehen, daß diese Abbildungen, sowohl was die Aehnlichkeit als was die Kunst und der Geschmack der Ausarbeitung betrift, nichts zu wünschen übrig lassen". (*Der Teutsche Merkur*, 1781, S. 95f.). Klauer, der klassizistische Forderungen und große Naturnähe zu vereinigen verstand, der aber auch großen Unternehmergeist zeigte, gilt als d e r „Bildhauer des klassischen Weimar" (Kröll, 1977). Vgl. auch Schreiter (2014, S. 329–337).

[49] Trippel, der seit 1778 in Rom eine hoch geschätzte Bildhauerwerkstatt betrieb, ist insbesondere durch seine beiden Marmorbüsten Goethes (1788 und

öffentliche Verbreitung abstellenden Kalksteinbüste und die beiden Marmorbüsten der Klassizisten Martin Gottlieb Klauer und Alexander Trippel dar;[50] letztere fallen vielsagend anders aus:

Abb. 2 (M. G. Klauer: Johann Gottfried Herder; 1781/83; Gips, 67 cm; Scan GH; aus: Reisiger 1942, unpag., Bildtafel vor S. 225)

Zu beachten sind bei Klauer unter anderem die der Möglichkeit nach natürliche, einfach gehaltene und an das antike Rom erinnernde Haartracht,[51] der Faltenwurf des eine Toga abgebenden Gewandes und die Körperspannung im Nacken-, im Schulter- und im Brustbereich, dazu jene im Hinterkopf sich schneidenden negativen Linien, die sich durch die Stellung der leicht abwärts geneigten Unterlippe bzw. des leicht geöffneten Mundes und durch das leicht aufwärts gerichtete rechte Auge ergeben. Es ergibt sich angedeutet das auf einen weisen Mittler hinauslaufende Zugleich von ins Ferne bzw.

1790) von kultur- und kunstgeschichtlichem Interesse. Vgl. *Alexander Trippel* (1993).

50 Solche Büsten fanden vielfältige Verwendung; als Abguss waren sie auch für ein größeres Publikum gedacht.

51 Herder schreibt im Frühjahr 1781 an Johann Georg Hamann über seine tatsächliche Haartracht: „Wie ich seit 3 oder 4 Jahren, seitdem ich hier bin, alt und grau geworden bin, ist unsäglich. Meine Haare fallen wie Stoppeln hinweg, und ich kann mit dem Scheitel kaum die Glatze mehr decken". Zit. nach Freitag (1994, S. 120).

23

ins Metaphysische gerichteter Weitsicht bzw. Schau einerseits und von nach unten gerichteter, verkündender Ansprache andererseits.[52] Ähnliche Feststellungen lassen sich für Trippels aufwändiges, als Pendant zu dessen apollinischer Goethe-Büste von Anna Amalia in Auftrag gegebenes Bruststück aus Marmor treffen.

Abb. 3 (A. Trippel: Johann Gottfried Herder, 1. Fassung 1789/90; Marmor; Download GH; aus: Goethezeitportal, http://www.goethezeitportal.de/wissen/projektepool/goethe-italien/rom-kuenstler/rom-trippel.html)

Dessen Entstehung hat Herder aufmerksam verfolgt und durch Änderungswünsche im Detail bzw. durch Kritik – zu breite Schultern und dadurch zu massiv wirkender Kopf, zu wenig Haar und dadurch „gar zu philosophisch[es]" Aussehen, zu wenig einnehmender Ausdruck durch „etwas zu gespannt und schräg" gestellte Augenbraue – begleitet.[53] Aufgrund dieser Einwände, aufgrund aber auch von

---

[52] Die Herders mochten diese Büste nicht sonderlich. Caroline – hier Äußeres favorisierend – war sie, wie sie in einem Brief an den in Rom weilenden Herder vom 3. April 1789 schrieb, zu „plump[]", ein Eindruck, zu dem das fleischige Doppelkinn beigetragen haben mag. Zit. nach Freitag (1994, S. 120). Von Klauer gibt es im Übrigen auch noch ein sich im Gesamteindruck leicht von der Büste unterscheidendes Gipsmedaillon Herders aus dem Jahre 1781. Vgl. ebd., Abb. 67. Vgl. auch Anm. 1.

[53] Vgl. Briefe von Herder an seine Frau Caroline vom 27. Februar und 1. März, 7. März und 21. März 1789 sowie an Trippel vom 15. Juni 1789, auszugs-

Materialmängeln der Büste schuf Trippel eine zweite Büste, an der er einige Änderungen vornahm. Insgesamt wirken Herders Gesicht und Oberkörper in der ersten Fassung voller, sinnlicher und gegenwärtiger als bei Klauer; zu diesem Eindruck tragen sicherlich auch – sieht man von der von Herder monierten kahlen Stirn ab – die geradezu üppige und lockenreiche Haarpracht sowie die starken Faltenbahnen des Gewandes bei. Herders Gesicht wirkt aber auch realistischer und damit weniger idealisiert als bei Klauer, wofür die ausgeprägten Tränensäcke und der geöffnete Mund verantwortlich sind.

Diesem Umstand Rechnung tragend, hat Trippel in der zweiten Fassung die Rundung der Wangenpartie gemildert, die Tränensäcke beseitigt und den Mund geschlossen.

Abb. 4 (A. Trippel: Johann Gottfried Herder; 2. Fassung 1790; Marmor, 80 cm; Download GH; aus: Goethezeitportal, http://www.goethezeitportal.de/wissen/ projektepool/goethe-italien/rom-kuenstler/rom-trippel.html)

Das hat den Effekt, dass Herder nunmehr nicht mehr eher als antik drapierter Zeitgenosse erscheint, sondern tatsächlich als der Zeit enthobener antiker Philosoph.

---

weise wiedergegeben bei Freitag (1994, S. 121f.).

Johann Heinrich Lips (1758-1817)[54]

Deutlich anders als diese vier zuvor angesprochenen Bildnisse fällt der vier Jahre zuvor von Johann Heinrich Lips geschaffene und von Lavater 1777 in seine *Physiognomischen Fragmente* aufgenommene Kupferstich[55] aus, ein Brustbild, das Herder im Profil zeigt:

Abb. 5 (J. H. Lips: Herder, Kupferstich, um 1774, 19,5 x 17cm; nach der Zeichnung eines unbekannten Künstlers; in: Johann Caspar Lavater: *Physiognomische Fragmente, zur Beförderung der Menschenkenntniß und Menschenliebe, Dritter Versuch.* Leipzig und Winterthur 1777, S. 262f.; Herzogin Anna Amalia Bibliothek; Buchsignatur: Bb 2 : 111 (c); Foto: Sigrid Geske)

Das gilt, obwohl auch Lips mit den Taubenflügeln des ansonsten beachtenswerterweise natürlich belassenen Haares ein Angebot an

---

[54] Lips wurde in seinen künstlerischen Bestrebungen nachhaltig von Johann Caspar Lavater gefördert, der ihn als Stecher für die *Physiognomischen Fragmente* (1775-78) beschäftigte. Von 1789 bis 1794 war er Professor an der Fürstlichen Freien Zeichenschule Weimar. Unter seinen nachgelassenen, annähernd eineinhalbtausend Kupferstichen befinden sich auch diejenigen zahlreicher berühmter Zeitgenossen. Vgl. Kruse (1989).

[55] Den *Physiognomischen Fragmenten* ging es, wie der Untertitel verdeutlicht, bekanntlich darum, „*Menschenkenntnis und Menschenliebe*" zu befördern, indem erlernt werden sollte, aus Äußerem – Gesichtszüge, Körperformen – auf Inneres, den Charakter zumal zu schließen. Wenn Lavater also Lips Herder-Darstellung in die *Physiognomischen Fragmente* aufnimmt, lässt das den Schluss zu, dass seines Erachtens hier ein besonderer Charakter zur Ansicht gebracht worden ist. Das machen auch Lavaters Ausführungen zu diesem Kupferstich in den *Physiognomischen Fragmenten* sehr deutlich. Vgl. Lavater (1777, S. 262f.) bzw. Juranek (1994, S. 86f.).

die Konventionen gehobener Stände und Ämter bzw. an deren Abbildungspraxis macht. Jedoch lassen Haltung, Gesicht und selbstverständlich auch die Kleidung auf einen ganz anderen Charakter schließen, als es beispielsweise das Strecker-Bildnis tut. Durch die geschickte Führung positiver und negativer Linien – bei den positiven Linien ist auf den vorderen Haaransatz, die Stirn, die rechte Schulter, den rechten Arm und die linke Brust einerseits und die rechte Gesichtshälfte und das Gesichtsprofil einschließlich Hals- und Kehlkopfpartie andererseits zu achten – entstehen unterschwellig Spannungen zwischen der Vertikalen und der Horizontalen, die der Figur insgesamt Dynamik und einen Aufwärts- bzw. Vorwärtsdrang verleihen. Der in die Ferne gerichtete, durch die hoch überwölbenden Augenbrauen voll und zupackend wirkende Blick, die im Wortsinn kühn hervorstechende Nase, die Selbstgewissheit und Zufriedenheit signalisierende Mundpartie, die konturierte, eher hagere Kinn- und Backenpartie, der auf kräftigem Nacken und Hals frei stehende, durch kein Halstuch oder einen engen Kragen eingezwängte Kopf und die bürgerlich-legere Kleidung mit schnörkellosem offenen Kragen an Hemd und Rock tragen das ihre zur Festigung dieses Eindrucks bei, so dass wir insgesamt eine durch freien Sinn, durch Entschlusskraft, Tatkraft und Optimismus ausgezeichnete Person zur Ansicht haben.

Für die 80er und 90er Jahre des 18. Jahrhunderts und dann für Entwürfe bis tief ins 19. Jahrhundert hinein lassen sich die bisher gezeigten Tendenzen zur Amts- und Standesrepräsentation einerseits und zum – teils psychologisch und weltanschaulich individualisierenden – Realismus andererseits an weiteren signifikanten Beispielen verfolgen. Dabei versteht es sich, dass diese Tendenzen in einzelnen Bildnissen gemäß beispielsweise der Komplexität des jeweils zugrunde gelegten Individualitätsverständnisses oder der Intentionen des Auftraggebers ineinander greifen; es kann sogar so sein, dass die Betonung von Realistisch-Individuellem ein ideelles Amts- und Standesverständnis zum Ausdruck bringt.

IV.2 Herder als Person bzw. bedeutende und berühmte Persönlichkeit

Die Gruppe der tendenziell realistisch-individualisierenden Bildnisse wird durch ein Gemälde von Friedrich Rehberg von 1784, einen nach diesem Gemälde angefertigten Kupferstich von Moritz Steinla vermutlich aus den 30er Jahren des 19. Jahrhunderts, eine 1789 entstandene Kreidezeichnung Angelika Kauffmanns als Vorstudie zu einem Bildnis, dieses Bildnis in Öl selbst von 1791, ein Bildnis in Öl aus dem Jahre 1796 von Johann Friedrich August Tischbein, einen Punktierstich von Carl Hermann Pfeiffer nach diesem Bildnis aus dem Jahre 1800 sowie durch eine Kreidezeichnung von Friedrich Bury von 1799 gebildet.

Friedrich Rehberg (1758-1835)[56]

Über die an Johann Heinrich Lips' Stich getroffenen Beobachtungen hinausgehend sind an Friedrich Rehbergs zwischen Halbfigur und Brustbild angesiedeltem Gemälde, das uns Herder im Halbprofil zeigt, fünf in ihrem Zusammenspiel das Sinnzentrum des Porträts generierende Dinge beachtenswert.

Zum einen die – vor allem schüttere – Haartracht, die nunmehr keinerlei konventionelle Stilisierungen oder Modismen mehr aufweist und die im unteren Seiten- und Hinterkopfbereich beinahe sogar einen ungepflegten Eindruck macht. Hier scheint jemand der ungeschönten Natur nach und in ungestellter Situativität abgebildet worden zu sein – oder, eitel, keck, selbstbewusst und programmatisch, in der selbst gewählten Pose eben dieser Situativität. Gleichviel: „Nach der Natur" lautet hier die Losung.

---

[56] Rehberg, der an diversen Orten im deutschsprachigen Raum, in Italien und England tätig war, profilierte sich vor allem als Porträt- und Historienmaler, war aber auch als Lithograph, Radierer und Kunstschriftsteller tätig. Zu seinen Lehrern gehörten Adam Friedrich Oeser (Leipzig) und Anton Raphael Mengs (Rom). Rehberg und Herder waren während dessen Rom-Aufenthalts offensichtlich sehr voneinander angetan. Vgl. Holland (1888) und Freitag (1994, S. 133f.).

Abb. 6 (F. Rehberg: Johann Gottfried Herder, Öl auf Leinwand, um 1784; Goethe-Nationalmuseum, Weimar, Gemäldesammlung: Inv.Nr. KGe/01171; Foto: Sigrid Geske)

Zum zweiten ist der konzentrierte, am Zuschauer rätselhaft vorbei und leicht nach oben gerichtete Blick bemerkenswert, dem im Zusammenspiel mit den Händen (s. u.) die Aura des Abgebildeten zu verdanken ist.

Dann fällt auf, dass der Mund leicht geöffnet ist, so, als wolle der Porträtierte im nächsten Moment zu reden anheben.[57]

Auffällig zum vierten ist die Kleidung, sind das über dem offenen Hemdkragen getragene Jabot sowie die den Gelehrten oder den

---

[57] Selbstverständlich könnte man in diesem leicht geöffneten Mund, im Zusammenspiel nämlich beispielsweise mit den Armen und Händen und deren Haltung, auch einen Ausdruck von zurückhaltender Verwunderung oder von Staunen sehen, beispielsweise aufgrund von eben Gehörtem.

Geistlichen kleidende Schaube mit Pelzbesatz. Diese Schaube gibt der Figur nicht nur wie anderenorts auch Volumen und damit auch im übertragenen Sinne Gewicht, das Gewicht des Amtes, des Standes oder der Rolle nämlich; in ihren ästhetischen Details – graubraune[58] und eben nicht schwarze Tönung sowie bis ins Revers hineinreichender und auch die Ärmel zierender Pelzbesatz – weist diese Schaube den Dargestellten vielmehr als einen sein Amt bzw. seinen Stand bzw. seine Rolle auf individuell-charakteristische Weise interpretierenden, auch diesseitiger Schönheit zugewandten Menschen aus; dieser Mensch ist dank dieser spezifischen Interpretationsleistung und weniger dank der überindividuellen, auf den Stand abhebenden Faktoren bedeutend.

Fünftens ist die Darstellung der Arme und Hände[59] in dieser Zeit für eine in diesem Falle sitzende Halbfigur – rechter Hand ist eine Stuhllehne erkennbar – eher ungewöhnlich. Ohne auf Details und deren ikonographische Tradition eingehen zu können[60], wie beispielsweise die vier langen, feingliedrigen Finger der linken Hand, die Haltung dieser sichtbaren Hand im Verhältnis zur verborgenen rechten Hand und ähnliches, ist doch so viel anzumerken, dass aus diesen zwischen Brust und Bauch, das heißt zwischen Anspannung und Abschlaffung verschränkten Armen die Figur einen wesentlichen Teil ihrer Geschlossenheit, kompakten Festigkeit, herausfordernden Gelassenheit, Selbstgewissheit – und auf Distanz insistierenden Reserviertheit erhält.

---

[58] Die Aufnahmen, die man im Internet findet, geben die Schaube hingegen als grünlich bzw. dunkelgrün wieder.

[59] Es geht also nicht um deren Erscheinen als solche.

[60] Dass beispielsweise die rechte Hand unter den linken Ärmel geschoben und von daher nicht sichtbar ist, symbolisiert seit alters her Besonnenheit; u. a. Napoleon machte sich diese Geste nach seinem Ägypten-Feldzug zu Nutze, als es darum ging, sich nicht nur als Krieger, sondern auch als staatsmännischer Politiker zu inszenieren. – Zur Ikonographie von Arm, Hand und Finger in der *Bibel* und in der Kunstgeschichte vgl. u. a. die beiden Internet-Artikel *Arm* und *Hand* von Andreas Wagner, den Artikel *Finger* von Katrin Müller, weiterhin Holl (1968/2012) und Groschner (2004) sowie http://www.symbolforschung.ch/haende; dort finden sich auch ausführliche weiterführende Literaturlisten.

Moritz Steinla (1791-1858)[61]

Wie entscheidend diese Darstellung der Hände für die Aussage des Bildnisses ist, erkennt man am Kupferstich von Moritz Steinla nach Rehbergs Gemälde:

Abb. 7 (M. Steinla: Johann Gottfried Herder, Kupferstich, vermutlich nach 1830, 25,8 x 18,6 cm; nach einem Porträt von Friedrich Rehberg; Goethe-Nationalmuseum, Weimar: Inv.Nr. KGr[...], ID: 203118; Foto: Sigrid Geske)

Aus dem durch und durch souveränen Mann, den Rehberg präsentiert, ist ein in sich gekehrter, kraftlos und beinahe dumpf wirkender Mann mit leerem Blick geworden, ein Eindruck, zu dem allerdings auch eine Reihe weiterer kleinerer Veränderungen in der Summe gewichtig beitragen: die längere und dadurch nach vorne geneigt

---

[61] Steinla (eigentlich: Franz Anton Erich Moritz Müller) erhielt seine Ausbildung als Kupferstecher vor allem in Florenz und Mailand. Ab 1837 war er als Professor an der Dresdener Akademie tätig. Vgl. http://www.stadtwikidd.de/wiki/Moritz_Steinla sowie -d (1893).

wirkende Schädelplatte, der insgesamt etwas breiter gewordene Schädel und die fleischiger gewordene untere Gesichtshälfte – der damit insgesamt massiger wirkende Kopf also –, die leicht nach unten abgewandelte Stellung der Pupillen, die den Blick gesenkt und ausdruckslos erscheinen lässt, dazu der im rechten Revers breiter gewordene Pelzbesatz, die nun nur leptosom wirkende rechte Schulter und die nunmehr anspannungslos, hängend erscheinenden Arme – es liegt viel Skepsis, Melancholie und Resignation in diesem Bildnis aus dem biedermeierlichen Deutschland.[62]

Angelika Kauffmann (1741-1807)[63]

An Skepsis, Melancholie und Resignation ist auch in der Halbfigur im Dreiviertelprofil von der mit Herder befreundeten Angelika Kauffmann einiges zum Ausdruck gebracht, die 1791 im Anschluss an Herders unglücklich verlaufende Italien-Reise[64] auf der Grundlage einer Kreidezeichnung in Öl entstand – um der sprechenden Kontraste willen wird hier neben diesem als Freundschaftsporträt[65]

---

[62] Selbstverständlich spielt dabei auch das Fehlen von Farben eine Rolle. Steinla gelingt es nicht, dieses medieninhärente Defizit durch dem Kupferstich eigene medienspezifische Möglichkeiten auszugleichen.

[63] Kauffmann, die als zeichnerisches Wunderkind galt und auch als Pianistin und Sängerin bestach, wurde 1764 in Rom Ehrenmitglied der „Accademia di San Luca". Dort entstand im selben Jahr auch jenes Porträt Johann Joachim Winckelmanns, dass sie schlagartig bekannt machte. Von 1766 bis 1781 lebte sie in London. Dort war sie vor allem als Porträt- und Historienmalerin sowie im Genre Mythologie erfolgreich und erwarb sich internationalen Ruhm. 1768 gehörte sie zu den Gründungsmitgliedern der Royal Academy of Arts. Nach den 15 Jahren in London lebte sie fortan wieder in Rom und unterhielt freundschaftliche Beziehungen u. a. zu Anna Amalia von Sachsen-Weimar-Eisenach bei deren Rom-Besuch (1788/89) zusammen mit Herder. Ihr Haus, das zuvor Anton Raphael Mengs gehört hatte, wurde zu einem bedeutenden Treffpunkt von Künstlern, Schriftstellern und Adligen. 1784 besuchte Kaiser Joseph II. ihr Atelier. Vgl. Maierhofer (1997) und Natter (Hrsg.; 2007).

[64] Herders letzte Monate in Rom wurden freilich durch das freundschaftliche Verhältnis zu Angelika Kauffmann verschönt. Vgl. dazu Briefe an seine Frau Caroline, auszugsweise wiedergegeben bei Freitag (1994, S. 125f.).

[65] Die Zuschreibung „Freundschaftsporträt" impliziert die Annahme, dass es Kauffmann nicht darum gegangen ist, vor allem Konventionen zu folgen,

zu verstehenden Ölgemälde auch die Vorstudie in Kreide von 1789 selbst wiedergegeben:

Abb. 8 (A. Kauffmann: Studie zum Bildnis Johann Gottfried Herders, Kreidezeichnung, 1789; vorarlberg museum, Bregenz: Inv.Nr. Z 0404; © Robert Fessler, vorarlberg museum)

In der angesprochenen Kreidezeichnung tritt uns im Unterschied zum Ölbild noch ein der Stirnpartie, den Zügen und dem Ausdruck der anders geformten Augen nach geradezu jugendlich, weich und träumerisch-zuversichtlich daher kommender Herder entgegen. Der scheint auch in einem Gewand zu stecken, das sich ihm anschmiegt und ihn jedenfalls in keiner sonderlichen Weise beengt. Anders das Ölbild:

sondern persönliche Eindrücke wiederzugeben, darunter auch solche, die zu Besorgnis Anlass geben.

33

Abb. 9 (A. Kauffmann: Johann Gottfried Herder, 1791, Öl auf Leinwand, 63,4 x 52,3 cm; Frankfurter Goethe-Museum: Inv.Nr. IV-1986-005; © David Hall – ARTOTHEK; Frankfurter Goethe-Museum)

Nicht zu übersehen sind hier die hängenden Arme, die hochgeschlossene Halsbinde und der geschlossene, um die Brust herum spannende, doch wie bei Rehberg bis ins Revers hinein pelzbesetzte Rock; all dies signalisiert Erschlaffung bzw. Enge. Hauptsächlich aber werden die eingangs diese Abschnitts genannten ungünstigen Effekte in diesem Bildnis durch die Darstellung des Kopfes bzw. des Gesichts hervorgerufen. Aus der anmutig hochgewölbten, freien Stirn der Kreidezeichnung und bei Rehberg ist hier eine breite, abgeflachte Stirn mit verhältnismäßig niedrigem Haaransatz geworden. Der Abstand zwischen Augenbrauen und den weiter als sonst auseinanderliegenden, leicht mandelförmigen Augen ist eher gering und über die rechte Pupille legt sich merklich das obere Lid, so dass die Augenpartie als solche unaufgeweckt wirkt. Die an Stirn und Augen zu beobachtende Tendenz zur Verbreiterung und damit zur Gedrungenheit setzt sich im Wangen-, Mund- und Kinnbereich sowie im flachwinkligen Unterkieferbereich fort und wird auf der Vertikalen durch die breitflügelige, weit herunter gezogene Nase und deren Schattenwurf verstärkt. Dergestalt entwirft dieses Bildnis großenteils keinen Herder, den man unmittelbar mit intellektueller oder menschlicher Größe, mit öffentlicher Bedeutung oder mit zukunftsweisendem Elan und Enthusiasmus in Verbindung bringen würde.

Johann Friedrich August Tischbein (1791-1858)[66] und Carl Hermann Pfeiffer (1769-1829)[67]

Tischbein hat Herder zweimal porträtiert, einmal als Privatperson und zum anderen als kirchlichen Amtsträger. Dabei ist das ursprünglich für Johann Wilhelm Ludwig Gleim und dessen Sammlung angefertigte Brustbild des Privatmanns um ein Jahr jünger als das 1795 entstandene Porträt des lutherischen Pastors, doch fallen beide in jenen letzten Lebensabschnitt Herders, der durch schleichende Isolation, Vereinsamung[68] und Verfall gekennzeichnet ist. Beide Porträts sind unbeschadet ihrer jeweils eigenen Qualität dadurch

---

[66] Der zur hessischen Künstlerfamilie gleichen Namens gehörende Tischbein (der sog. „Leipziger Tischbein"), ein Cousin des „Goethe-Tischbein" Johann Heinrich Wilhelm, entwickelte sich vor allem durch eine Reihe von Studienreisen nach Holland im den 1780er Jahren vom u. a. in Frankreich und in Italien geschulten Hofmaler zum Porträtisten des Bürgertums. Ende der 1790er Jahre feierte er große Erfolge in Berlin und in Dresden, was ihm 1800 bis zu seinem Tode die Nachfolge von Adam Friedrich Oeser als Leiter der Kunstakademie in Leipzig eintrug. In der Zeit von 1806 bis 1809 verbrachte Tischbein finanziell höchst einträgliche Jahre in St. Petersburg und porträtierte während dieser Zeit auch einige Mitglieder des russischen Hochadels. Vgl. Stoll (1923) und *3 x Tischbein* (2005). – Herder wurde auch von Johann Heinrich Tischbein dem Jüngeren gemalt, der ebenfalls ein Cousin des „Leipziger Tischbein" und des „Goethe-Tischbein" war. Im Museum im Schloss Lützen befindet sich ein Kupferstich nach diesem mir nicht bekannten Gemälde von Karl Traugott Riedel.

[67] Carl Hermann Pfeiffer, ein vor allem in der Punktiertechnik arbeitender Kupferstecher und Miniaturist, war ein Schüler von Johann Christian Brand. Von ihm sind viele Arbeiten unterschiedlichster Art überliefert.

[68] Hinsichtlich Isolation und Vereinsamung sind vor allem die Namen Goethe, Schiller und Kant zu nennen. Hingegen pflegte Herder Kontakt zu Wieland und alten Freunden wie Johann Wilhelm Ludwig Gleim, Karl August Böttiger, Karl Ludwig von Knebel sowie insbesondere zu Jean Paul.

von besonderem Interesse, dass sich an ihnen die an Identitäten, Verwendungszwecke und Traditionen gebundenen Porträtierungskonventionen der Zeit ablesen lassen:

Abb. 10 (J. F. A. Tischbein: Johann Gottfried Herder, 1796, Öl auf Leinwand, 47,5 x 39,5 cm; Goethe-Nationalmuseum, Weimar; Zentrales Museumsdepot / Zwischendepot: Inv.Nr. DGe/00048; Foto: Sigrid Geske)

Am Bildnis des Privatmanns Herder fällt zunächst die Dominanz weicher Töne auf, die vom schwarzdunklen Braun ins lichte Gelbliche und gelblich Weiße reichen; lediglich die moderat geröteten Lippen sowie die sacht rötlich pastellierten Wangenpartien und das rechte Ohrläppchen weichen farblich ab, ohne dabei kontrastierend hervorzustechen. Überhaupt sind die meisten Übergänge, insbesondere diejenigen zwischen dem seitlichen Haar und dem Gewand einerseits und dem unausgeführten Hintergrund andererseits, beinahe fließend oder sanft gestaltet und tragen so dazu bei, spontan den freundlichen Eindruck von Wärme, Harmonie und versammelter, selbstverständlich den Blick der Öffentlichkeit mit einkalkulierender Häuslichkeit zu evozieren. Dieser Eindruck ist zwar wohl begründet, doch stellt ein kontextualisierendes und denkendes Sehen diesem Eindruck einen zweiten, melancholisch angehauchten zur

Seite, der um Worte wie Vergänglichkeit, Vergeblichkeit, Überlebtheit, Abschied und Erinnern kreist; das führt zu einem spannungsreichen Zugleich unterschiedlicher An-Sichten.

Wie die angesprochenen, ungut belebten Wangenpartien, so signalisieren auch das herausgearbeitete Doppelkinn mit Grübchen, die in der Mittelpartie höckrige Nase, die eher schlaff hervorgeschobene, breite Unterlippe und insbesondere die leicht ‚tränig-schleirige‘, im Erlöschen begriffene Augenpartie, dass Tischbein bei dieser Arbeit wohl das natürliche Äußere einen wichtigen Anhaltspunkt gegeben hat. Dieses natürliche Äußere ist aber, sieht man von der Nase ab, zugleich Ausdruck einer Gemütslage, ist Ausdruck von einsetzendem Verfall und sich andeutender Selbstaufgabe. Es ist nicht von ungefähr, dass dieser Herder aufgrund der kontrastarmen Übergänge nicht wie sein im Amt dargestelltes Pendant (s. u.) aus dem Bild bzw. dessen Hintergrund hervorzutreten und damit präsent, tätig und einflussreich zu sein scheint, sondern umgekehrt in diesem hier unspezifischen Hintergrund aufzugehen und damit langsam aus der Zeit und deren Aktualitäten herauszufallen scheint.

Als Carl Hermann Pfeiffer vier Jahre nach Tischbeins Porträt des Privatmanns Herder auf der Grundlage dieses Bildnisses einen Punktierstich anfertigt, ist dieser angedeutete Prozess des sich mählich selbst Überlebens und Verlierens schon weiter vorangeschritten. Das mag der Grund dafür gewesen sein, dass Pfeiffer weit über Tischbeins Porträt hinausgeht und ein auch den Örtlichkeiten nach detailliert ausgeführtes Dreiviertelporträt entwirft, das bis ins obere Drittel der Oberschenkel reicht und Herder sitzend zeigt. Ein Reiz dieses Porträts, das hinsichtlich des Kopfes bereits weniger auf die Zeitgenossen und deren an Realistik orientiertem Urteil als vielmehr auf die Nachwelt als Betrachter und damit auf ein erinnerungskulturelles, an Denk-Werten orientiertes und um charakterlich Stereotypisches bemühtes ‚Programm‘ zielt, liegt nämlich darin, sozusagen den erlittenen Lebensabend Herders so weit wie möglich aus dessen Gesicht herauszunehmen und in den Körper und dessen Sprache zu verlagern.

Abb. 11 (C. H. Pfeiffer: Herder, 1800, Punktierstich, 38,3 x 27,3 cm; Goethe-Nationalmuseum, Weimar; Graphische Sammlung, Porträts: Inv.Nr. KGr/01536)

Sicherlich lassen sich auch in den Gesichtszügen dieses Herder, zumal im Blick, Spuren eines schwierig verlaufenen und mit zunehmendem Alter sich unerfreulicher gestaltenden Lebens finden; doch wirkt das Gesicht, das uns entgegentritt, noch kompakt und fest und lässt anstelle jener Züge von Ältlichkeit und Entschwinden, die der Vorlage zu entnehmen sind, noch ein gutes Maß an Entschluss- und Tatkraft und damit an erfahrungsgesättigter Zukunft aufscheinen. Eben diese Dimension von Zukunft aber wird durch den ohne jede Spannkraft präsentierten Leib und durch die – überlangen[69] – Arme, die in im Schoß ruhenden, gefalteten Händen enden, auf eine spezifische Weise relativiert. Herder, so die hier vorgeschlagene und die Rezeptionskarriere der Darstellung[70] erklärende Lesart dieses Porträts, hat zwar als Kopf, als Denker und als Phänotyp eine Zukunft,

---

[69] Angesichts der Sitzhaltung müssten die Schultern weiter nach vorne stehen, damit die Handgelenke bei normaler Armlänge in der Beuge ruhen könnten.

[70] So ziert das Porträt beispielsweise das Cover des Herder-Bändchens von Friedrich Wilhelm Kantzenbach (1970) innerhalb der populären Rowohlt-Monographien.

als reale Person hingegen hat sich ein von eminentem Fleiß (Arme) bestimmter Lebenskreis zur Ruhe hin (Hände) geschlossen.

Friedrich Bury (1763-1823)[71]

Zwar wird Burys Brustbild, eine Kreidezeichnung aus dem Jahre 1799, unter Berufung auf einen Brief Carolines an Karl Ludwig von Knebel vom 20. Dezember 1799 (!)[72] gelegentlich als „die vielleicht genaueste und ähnlichste Zeichnung von Johann Gottfried Herder"[73] bezeichnet; doch zeigt schon ein Blick in die Quelle, dass hier große Vorsicht geboten ist: Diese Quelle nämlich spricht von einem „wahre[n] Charakterbild" und keineswegs von Äußerlichkeiten und erklärt das Bild in dieser – und nur in dieser – Hinsicht für „vortrefflich"[74]. Vollends fragwürdig wird die angeführte Annahme einer quasi auf Oberflächenrealismus ausgehenden (Re-)Produktion, wenn man die betreffende Zeichnung mit Herders Lebensalter zu diesem Zeitpunkt, mit anderen hier gezeigten Porträts[75] sowie mit schriftlichen Zeugnissen über seinen Allgemeinzustand um 1800,

---

[71] Bury wurde zunächst von seinem Vater, einem Silberschmied, und an der Düsseldorfer Kunstakademie ausgebildet. In den letzten beiden Jahrzehnten des 18. Jahrhunderts lebte er vorwiegend in Italien, insbesondere in Rom, wo er mit Johann Heinrich Wilhelm Tischbein sowie mit Goethe, Herder und Anna Amalia in näheren Kontakt kam. 1799 kehrte er nach Deutschland zurück und gelangte über Kassel, Weimar und Dresden nach Berlin. Dort war er von 1811 bis zu seinem Tode Mitglied der Preußischen Akademie der Künste. Bury wurde als Porträt- und Historienmaler sowie durch Kopien alter Meister in Aquarelltechnik bekannt. Vgl. *Der Maler Friedrich Bury* (2013).

[72] Caroline bezieht sich hier auf eine Vorarbeit, eine Bleistiftzeichnung, nach der die Kreidezeichnung angefertigt wurde; das erklärt die auf den ersten Blick widersprüchlichen Zeitangaben.

[73] Freitag (1994, S. 135).

[74] Zit. nach ebd., S. 135. Ebd., Anm. 7 zitiert zur Untermauerung der eigenen These auch Eugen Kühnemann, der darauf hingewiesen hat, dass in der Familie Herder besagtes Bild „bis zum heutigen Tag [...] für das treueste" (*Herder*, 1912, S. 619) gehalten werde. Aus dem „treueste" lässt sich allerdings durchaus nicht ableiten, dass hier von Herders tatsächlichem Aussehen die Rede ist.

[75] Vgl. in diesem Zusammenhang aber auch Georg Melchior Kraus' populäres Aquarell *Abendgesellschaft bei der Herzogin Anna Amalia* (um 1795), auf

39

wenige Jahre vor seinem Tod also, in Verbindung bringt bzw. vergleicht.

Abb. 12 (F. Bury: Herder, Johann Gottfried, 1799, Kreidezeichnung auf Karton, 56,9 x 42,6 cm; Freies Deutsches Hochstift / Frankfurter Goethe-Museum: Inv.Nr. III-15249; © Freies Deutsches Hochstift / Frankfurter Goethe-Museum, Foto: Ursula Edelmann)

Der Mann, der aus Burys Kreidezeichnung herausschaut, hat zwar auf der Schädelplatte kaum noch Haare und ist in den schwungvoll ondulierten, noch vollen Seitenpartien schon weitestgehend ergraut; ansonsten aber strotzt dieses fleischig-massige, doch muskulär durchgebildete und von daher feste und beinahe sogar feiste Gesicht eines Mannes in den besten Jahren nur so von Gesundheit, von Selbstwertgefühl und von Selbstbewusstsein. Selbst die beachtlichen Tränensäcke unter den weit geöffneten, von kräftigen Augenbrauen überdachten basedowschen Augen wirken keineswegs schlaff; prall wie sie sind, tragen sie vielmehr dazu bei, diese Person

---

dem Herder schon deutlich älter wirkt, obwohl er noch ca. fünf Jahre jünger ist.

als einen Sanguiniker mit leicht cholerischem Einschlag zu identifizieren. Diese Identifizierung verdankt sich aber neben diesen Tränenssäcken und der Stirn-, Wangen- und Kinnpartie vor allem dem aufgrund von Iris- und Pupillenstellung entschiedenen, geradezu herausfordernden Blick, dem um ein Haar schon anstößig sinnlichen Mund mit stark geschwungener Oberlippe und wulstig-breiter Unterlippe sowie der Haltung von Kopf und Oberkörper – dieser ist sacht zurückgebogen, jener leicht zur rechten Körperseite hin geneigt und (optisch) durch die zwei Halsfalten unter dem Kinn etwas angehoben, was zusammengenommen die Standfestigkeit und das Herausfordernde der Figur befördert.

Insofern mag dieses Porträt tatsächlich ein „Charakterbild" Herders sein und einige basale seiner Eigenschaften zur Anschauung bringen; ein Abbild seines Aussehens am Ende seines Lebens ist es aber wohl schwerlich. Sollte es an dem sein, würde dies auch erklären helfen, warum Burys Porträt – wie dasjenige von Pfeiffer – traditionsbildend gewirkt hat und im 19. und 20. Jahrhundert immer wieder abgebildet und wie beispielsweise von C.[hristian] Müller[76] (Kupferstich, vor 1806) und [Franz] Wagner[77] (Bleistiftzeichnung, 1883) auch mehrfach nachgebildet worden ist.

---

[76] Nach Freitag (1994, S. 134) stammt der „Kupferstich in Crayonmanier mit eigenständigen Ergänzungen" (ebd., S. 135, Abb. 81) von C. Müller. Es könnte sich dabei um den von Winckelmann und Goethe geförderten Kupferstecher Johann Christian Ernst Müller (1766-1824) handeln (vgl. Johann Wolfgang Goethe, *Tagebücher*, 2014, S. 771, Kommentar zu 75,20).

[77] Nach Freitag (1994, S. 134) ist die Bleistiftzeichnung (ebd., S. 135, Abb. 82) auf den 28.2.1883 datiert und signiert (ohne Vorname). Es könnte sich um den in diversen Genres tätigen Maler und Lithographen Franz Wagner (d. i. Johann Daniel Franz Leberecht Wagner, 15.7.1810 – 2. 12.1883) handeln (vgl. Kiesewetter, 2013).

IV.3 Herder als kirchlicher Amtsträger

Jene zweite Gruppe von Bildnissen, die bei der Herder-Darstellung tendenziell eher auf Amts-, Standes- oder Rollenrepräsentation achtet als auf die Wiedergabe realistisch-individueller Merkmale, insbesondere solche äußerlicher Natur, wird unter anderem durch Bildnisse von Anton Graff, Johann Friedrich August Tischbein und Carl Ludwig Seffner gebildet. Doch wird sich im Einzelfall zeigen, dass Amts-, Standes- oder Rollenrepräsentation auch dadurch betrieben werden kann, dass zugeschriebenes Individuell-Innerliches, in Sichtbares überführt, einen diesbezüglichen, akklamierten Phänotyp begründet.

Anton Graff (1736-1813)[78]

Graffs im Jahre 1800 Gleim von Caroline Herder für dessen Freundschaftstempel geschenktes Herder-Porträt,[79] das im Juli 1785 während Herders Kuraufenthalt zusammen mit seiner Ehefrau in Karlsbad entstand,[80] erinnert dem Kompositionsschema nach stark an Graffs Lessing-Porträts aus den Jahren 1770 und 1771; es unter-

---

[78] Der als Zeichner, Maler und Kupferstecher ausgebildete Graff wurde 1766 sächsischer Hofmaler in Dresden. Dort tat er sich vor allem als bald weit über die Landesgrenzen hoch geschätzter Porträtmaler höfischer und bürgerlicher Personen hervor, die er auch in ihrer Individualität, in ihren seelischen Dispositionen und intellektuellen Dimensionen als Persönlichkeit zu erfassen versuchte. Von daher saßen ihm, der seit 1789 den Titel eines Professors für das Porträtfach führte, zahlreiche Künstler und Intellektuelle der Zeit Modell. Zu Goethe hatte Graff wohl eine engere Beziehung. Vgl. Berckenhagen (1967), Eberhardt (Hrsg.; 2013) und Fehlmann, Verwiebe (Hrsg.; 2013).

[79] Caroline Herder an Gleim am 15. Juli 1800 aus Weimar: „Ich wollte Ihnen gestern, wie ich versprochen hatte, meines Mannes Bild schicken, es war aber nicht möglich [...] Hier ist es nun. Es ist zwar um 15 Jahre jünger, u. an der Nase nicht ähnlich; es möge Sie aber an die beßern Jugendzeiten erinnern, wo wir noch nicht so viel graue Haare hatten. Das Bild selbst, als Kunstwerk macht Graf [sic!] Ehre." Zit. nach https://www.monumen-te-online.de/de/ausgaben/2006/5/ein-abbild-fuer-das-zwiegespraech.php#. XuBu7y336w4 (eingesehen am 28. Juni 2017).

[80] Vgl. Freitag (1994, S. 123).

streicht damit den bereits mehrfach angesprochenen Befund, dass Herder-Porträts wie andere Porträts (der Zeit) stets auch im Kontext von Traditionen, zeitgenössischen Konventionen, Malschulen und individuellen Stileigentümlichkeiten zu sehen sind:[81]

Abb. 13 (A. Graff, Johann Gottfried Herder, 1785, Öl auf Leinwand; Gleimhaus. Museum der deutschen Aufklärung, Porträtsammlung Freundschaftstempel: Inv.-Nr. A 111; © Gleimhaus)

Das Brustbild im Halb- bzw. im Dreiviertelprofil, das Herder in einer von intensiver Arbeit geprägten Lebensphase zeigt, die auch Rehberg und Kauffmann festzuhalten versuchten, visualisiert zum nicht

[81] Betrachtet man die Biographien der hier verhandelten Künstler näher, fallen neben deutschsprachigen Ausbildungszentren wie Dresden, Leipzig oder auch Zürich immer wieder die Studienaufenthalte im nichtdeutschsprachigen Ausland auf, vor allem die Italienaufenthalte und in diesem Zusammenhang Städte wie Florenz, Neapel, Venedig und selbstverständlich Rom. Hier wirkten, unterrichteten und beeinflussten aus deutscher Perspektive und hinsichtlich der Porträtmalerei international renommierte, insbesondere von der Antike und der Renaissance geprägte Künstler und Kunsttheoretiker, allen voran Anton Raphael Mengs und Johann Joachim Winckelmann.

geringen Teil ein Set an Tugenden, Haltungen und Überzeugungen, die man mit der Bezeichnung „pietistisch" belegen könnte – deshalb auch, weil damit das Zugleich von Persönlichem und Überpersönlichem, von Subjektiv-Innerem, Typischem und Rolle zum Ausdruck gebracht wäre, das insbesondere diesem auf das Denkmal von Ludwig Schaller vorausweisenden Bildnis eigen ist.

Das sorgfältig, doch nicht eitel-aufwändig frisierte Haar in seiner eigentümlichen Mischung aus Strenge in den Zentralbereichen sowie Natürlichkeit und modischer Verspieltheit in den Randbereichen, die einfache, schmucklos-funktionale Geistlichenkleidung mit schmalen Umlegekrägen, die zwar hoch geschlossen getragen wird, doch die an keiner Stelle einzuengen scheint, der daraus sich emporhebende, frei auf einem soliden Schulter-Brustbereich ruhende und gefällig proportionierte Kopf, der von einem den diesbezüglichen Bildhintergrund nahezu ausfüllenden Lichtkranz umgeben wird und der selbst ‚im Rampenlicht' (s. u.) zu stehen scheint, dazu die gestreckte, doch keineswegs erzwungen gerade wirkende Haltung des Torsos: Es tritt uns aufs Ganze gesehen eine Figur, ein Menschenschlag und ein kirchlicher Amtsträger entgegen, für die bzw. den Pflicht und Neigung, Ordnungsliebe und Freiheitsliebe, öffentliche Anforderung und persönliche Vorliebe sowie Selbstbescheidung und forciertes Streben nicht im Widerspruch zueinander zu stehen scheinen und die bzw. der, allem voran, durch und durch von luzider Aufrichtigkeit geprägt zu sein scheint.

Doch mehr noch: Schaut man dann auf die weitflächig ausgeleuchteten, faltenfreien Rundungen der rechten oberen Stirn- und Gesichtshälfte mit dem uns anstrahlenden rechten Auge unterhalb des auf der Stirn liegenden Zentrums des Lichteinfalls, nimmt man das aus dem schattigen Dunkel aufleuchtende linke Auge und die Augenfarbe Braun dazu, schaut man zudem auf die markant gebogene, allenfalls angedeutet höckrige Nase[82] und den vollen, festen

---

[82] Herder mochte dieses Porträt allerdings wegen der seines Erachtens fehlerhaften Nasenpartie nicht. – Vgl. hinsichtlich des Höckers auch die Ausführungen zu Johann Friedrich August Tischbeins ‚privatem' Herder.

und ebenso freundlich-ernsten roten Mund, dann wird klar, dass diese Figur neben den genannten Eigenschaften auch Heiterkeit und Zuversicht, Beständigkeit und Entschlossenheit, Milde, Zuwendung und Menschlichkeit, Frische und Hochgestimmtheit repräsentiert.[83] Das alles führt dazu, dass Graffs geistlich gewandeter und mit einer Reihe visualisierter Eigenschaften bedachter Herder weit über sich als diese Person und dieser kirchliche Amtsträger hinausweist, auf ein zu erwirkendes Ideal des protestantischen Geistlichen nämlich. So ‚gelesen' erweist sich Graffs Herder-Porträt als ins Bild gesetzte Programmschrift.

Johann Friedrich August Tischbein (1750-1812)[84]

Einen Stand repräsentiert Herder auch in einem weiteren Bildnis[85] von Johann Friedrich August Tischbein, einem ihn sitzend[86] zeigenden, massigen Dreiviertelporträt, das Tischbein im Auftrag des Nürnberger Kunsthändlers Johann Friedrich Frauenholz schuf.

Die geradezu ungeheure, zwei Drittel des Bildes einnehmende Fülle der insbesondere im betrachterseitig linken Bildbereich scharf umrissenen Schaube, der darauf wie auf einem sich nach oben verjüngenden Postament ruhende, ebenfalls vom Hintergrund abgehobene und durch Lichteffekte weiter hervortretende Kopf,[87] das – in Teilen allerdings eingeschattete – Beffchen, das sorgfältig gelegte

---

[83] Von Graffs Porträt gibt es einen in der Graphischen Sammlung des Goethe-Nationalmuseums aufbewahrten Stahlstich von Lazarus Gottlieb Sichling (1812-1863); dem Stahlstich gehen die Heiterkeit, Frische und Hochgestimmtheit des Graffschen Gemäldes ab. Für eine Abbildung des Stahlstichs vgl. *Johann Gottfried Herder, Ahndung* (1994, S. 125, Abb. 72).

[84] Vgl. auch Anm. 66.

[85] Das Porträt wurde von Herder Nahestehenden sehr unterschiedlich bewertet. Karl August Böttiger und Wieland begrüßten die Darstellung, Caroline Herder hingegen lehnte sie (und insb. Tischbein selbst) ab und verwies auf eine allgemeine Unzufriedenheit mit Tischbein-Porträts. Vgl. die Briefauszüge bei Freitag (1994, S. 129).

[86] Dafür spricht die Linienführung der Schaube in der betrachterseitig rechten unteren Ecke des Porträts.

[87] Dieser individuelle Kopf bzw. das Menschliche und Persönliche ruht auf dem Institutionellen bzw. dem Amt als seinem Fundament.

45

Haar und der gestaltete, an eine Amtsstube denken lassende Hintergrund lassen keinen Zweifel daran aufkommen, dass es Tischbein mit diesem repräsentativen, an englischen Vorbildern (Joshua Reynolds) geschulten Bildnis im Dreiviertelprofil darum ging, das Amt des Geistlichen in der ganzen ihm zugesprochenen Gewichtigkeit darzustellen.

Abb. 14 (J. F. A. Tischbein, Johann Gottfried Herder, 1795; Öl auf Leinwand; Fürstliche Kunstsammlung, Schloss Bückeburg: Rauchersalon, Nr. 133; Foto: Rolf Fischer, Bückeburg)

Doch wollte Tischbein mit dieser Darstellung diese dem Amt zugesprochene Gewichtigkeit auch affirmieren, ging es ihm sogar darum, die dem Amt ebenfalls zugesprochene Würde zum Ausdruck zu bringen? Oder wollte er bloß einen bestimmten Typus von Amtsvertreter darstellen? Oder ging es ihm, zum dritten, um die Darstellung Johann Gottfried Herders als eines Menschen, der ein geistliches

Amt innehat? Diese nur unter günstigen, außerhalb des Bildes selbst liegenden Voraussetzungen zu beantwortenden Fragen[88] stellen sich mir, weil ich den, der mich aus diesem Bildnis heraus anschaut, nur als Infragestellung, vielleicht sogar als Bezichtigung entweder des geistliches Amtes oder Herders selbst wahrnehmen kann.

Ich als derjenige, der aus basalen erkenntniskritischen, eingangs angeführten Gründen nichts anderes als eine An-Sicht einer An-Sicht liefern und dabei lediglich das Zustandekommen dieser An-Sicht objektivieren, doch niemals objektiv sein kann, sehe in diesem Bildnis einen saturierten, eitlen, kaltsinnigen und herrisch-selbstgerechten Mann, interesselos an Anderen und von daher abweisend, jemanden, der in Posen zu leben gewohnt ist.

Für diese Einschätzung, in die auch die von herzlichem Mögen unterlegte Hochschätzung des Graffschen Porträts hineinspielt, ist das Zusammenspiel einiger Faktoren und deren Wirkung auf *mich*[89] entscheidend: Zwei mit leicht gesenkten Lidern zwar lebendig, doch skeptisch oder gelangweilt an mir vorbei schauende Augen, zwei angedeutete senkrechte Augenfalten, die allerdings nicht von dauerhafter denkerischer Anstrengung zeugen, sondern eher von einer momentanen Irritation, ein wohlgenährtes, in etlichen Jahren wohl erst dramatisch erschlaffendes Gesicht mit ausgeprägtem Doppelkinn, eine wenig markante Nase, eine noch feste Mundpartie,[90] die

---

[88] Vgl. Anm. 11.

[89] Bei Freitag (1994, S. 129) ist u. a. kommentierend zu lesen: „[zeigt] diesen im Zenit seines Ruhms als schöpferische Persönlichkeit, die selbstbewusst bereits auf eine immense Lebensleistung zurückblicken kann. Eine gewisse Steifheit in der würdevollen Haltung des Theologen verrät den ungestillten Drang nach Anerkennung, den auf die höchsten Dinge gerichteten Ehrgeiz und ein übersteigertes Selbstgefühl, das sich in Herders Werken [...] oft in der Polemik äußerte." Dieser von meiner Sicht partiell abweichende, doch dadurch keineswegs als falsch herausgestellte, wohl aber im Wortsinne in Frage gestellte Kommentar verdeutlicht einmal mehr, dass Bilder maßgeblich auch davon erzählen, was wir in sie hineinlesen. – Vgl. Anm. 3 sowie 7-11.

[90] U. a. an dieser Mundpartie lässt sich studieren, wie es Tischbein durch Nuancen gelingt, einen ganz anderen Eindruck hervorzurufen als bei seinem Porträt des Privatmanns. Hinzuweisen ist beispielsweise auf die Wangenfalte, die sich hier weiter nach unten zieht und von daher die Mundpartie

eher selbstgewiss und säuerlich-verschlossen als selbstkritisch-aufgeschlossen und redelustig wirkt, und eine an den Kopf geführte, manieriert gespreizte linke Hand, die im Bildkontext christlich-religiös, aber eher noch als zentrales Requisit der Pose „Denker" gesehen werden kann.[91]

Allerdings drängen sich an diesem konkreten Beispiel zumindest einige der eingangs formulierten Fragen auf: beispielsweise diejenigen, welche jüngeren oder aktuell-biographischen Ereignisse und Entwicklungen privater, öffentlich-beruflicher, sozialer und mental-denkerischer Art für Herder Mitte der 1790er Jahre konstitutiv waren und von daher möglicherweise in das Porträt eingeflossen sind, wer und was alles Herder für Tischbein oder andere insbesondere im Weimarer Umfeld in dieser Zeit gewesen ist, welchen dieser divergierenden Herders Tischbein also mit Hilfe welcher für die Zeitgenossen der Annahme nach eindeutigen Zeichen vielleicht darstellen wollte oder auch – bringt man Auftraggeber oder Adressaten und deren Gewichtigkeit mit ins Spiel – sollte, und welchen Vorgaben, zum dritten, ihn dabei der zeitgenössischen Porträtkunst zu folgen veranlasste. Sind in die Konzeption und die Ausführung des Bildes, um konkret zu werden, beispielsweise der unglückliche Verlauf der Italien-Reise, das Ende der Freundschaft mit Goethe und die

---

stärker rahmt, auf die Lichtakzente oberhalb der Ober- und unterhalb der Unterlippe sowie auf die markanter geschwungene Oberlippe, die den Mund nicht wie im späteren Porträt wulstig-plump, sondern geistreich und scharfzüngig wirken lässt.

[91] Auf den ersten Blick könnte man aufgrund der erhobenen Mittelfinger, Zeigefinger und Daumen auch meinen, es handele sich um eine christliche Handgebärde, beispielsweise die Geste der erschaffenden Hand Gottes (vgl. u. a. die *Schedelsche Weltchronik* oder Michelangelos' *Gottvater erschafft Adam*) oder das Zeichen für „Gott" bzw. die „Dreifaltigkeit", zumal die parallel gesetzten Mittelfinger und Daumen das Beffchen und den Mund verbinden. Zu bedenken ist allerdings zum einen, dass genannte Gesten traditionellerweise mit der rechten Hand ausgeführt werden. Entscheidender ist aber, dass der Zeigefinger in diesem Porträt sich weder wie üblicherweise an den Mittelfinger schmiegt noch frei steht, sondern den hinteren linken Unterkiefer des Abgebildeten berührt, während der Mittelfinger sich in unmittelbarer Nähe der unteren linken Wange befindet oder diese wohl sogar ebenfalls berührt.

wachsende Entfremdung von diesem, Herders Auseinandersetzung mit Kant oder auch seine Einschätzung der Französischen Revolution eingegangen? Sah man Herder den Einfluss dieser Ereignisse, Geschehnisse und Tatsachen Mitte der 1790er Jahre tatsächlich an, oder sollten sie mittels des Bildes als Teile von Herders Seelenlandschaft eigens zur Anschauung gebracht werden? Berücksichtigt man jedenfalls diese bzw. einige der genannten biographischen Ereignisse und Entwicklungen, würde man dann nicht eher dazu neigen, das Ensemble der genannten, *meine* Sicht konstituierenden Bildfaktoren als Ausdruck von Standfestigkeit, Selbstgewissheit und vielleicht auch von berechtigtem Trotz einzuschätzen, anstatt wie ich weiterhin von „saturiert, eitel, kaltsinnig und herrisch-selbstgerecht" (s. o.) zu sprechen?

Carl Ludwig Seffner (1861-1932)[92]

Das am 5. Mai 1908 in Bückeburg von der dort geborenen, späteren Hitler-Bewunderin Lulu von Strauß und Torney enthüllte neobarocke Denkmal,[93] eine kupferne Halbfigur auf einem massiven Sockel, zeigt in Frontalansicht einen kräftigen, aufwändig kostümierten Oberkörper und im Halbprofil einen flachgesichtigen, schräg gen Himmel schauenden und sorgfältig mit Lockenrollen geschmückten Herder.

---

[92] Seffner schuf das Neue Bachdenkmal (1908) vor der Thomaskirche in Leipzig und zahlreiche Grabdenkmäler auf dem Leipziger Südfriedhof. Er leitete über viele Jahre den Leipziger Gelehrten- und Künstlerbund *Die Leoniden*. Vgl. Hopwood (2015, S. 150-152; dort finden sich auch Hinweise auf mehrere Forschungsarbeiten zu Seffner-Büsten von Stefan Voerkel) und Pohlsander (2008, S. 115, 121).

[93] Mit der Ausnahme des „Thieme / Becker" wird in allen mir bekannten Quellen fälschlicherweise das Jahr 1864 für die Büste und für das Denkmal angegeben. In der Abteilung für Denkmalpflege der Stadt Bückeburg ist nachzulesen: „1908 errichtet nach Entwurf des Architekten Arthur Schulz, Berlin-Charlottenburg." Auch die Büste von Carl Ludwig Seffner, so die mündlich eingeholte Auskunft der Abteilung für Denkmalspflege, stammt aus dem Jahr 1908.

Abb. 15 (C. J. Seffner, 1908; Benutzer:Stebra (https://commons.wikimedia.org/wiki/
File:HerderDenkmal.jpg), „HerderDenkmal", https://creativecommons.org/licenses/by-
sa/3.0/legalcode)

Obwohl das Denkmal an das Wirken des jungen Herder vor Ort
(1771 bis 1776) erinnern sollte und demnach einen eminent inno-
vativen, umtriebigen und einflussreichen Vertreter der damaligen
bürgerlich-oppositionellen Intelligenz hätte zeigen müssen, zeigt es
einen beinahe feisten, konturenarmen und pompös gekleideten Herder[94] als selbstgefälligen, wohlsituierten Bürger an der Schwelle zur
Vergreisung. Wohin der Zeigefinger der rechten Hand dieses har-

---

[94] Auffällig sind die vielen Rüschen, die vom Hemd aus dem Ärmel ragen,
das gewickelte Halstuch und die Weste mit vielen eng stehenden Knöpfen.
Das erinnert immerhin an die sogenannte Werther-Tracht, die sich an die
Kleidung des englischen Bürgertums anlehnte und die in Deutschland um
1786 als Kennzeichen des anglisierenden Stutzers modern wurde. Der man-
telartige Überrock mit ebenfalls vielen eng stehenden Knöpfen, Kragen und
Cape-Ansatz ist hingegen schwer zu deuten. – Für wertvolle Hinweise auf
Kleidungsdetails der Abb. 13, 14 und 16 danke ich Anna Sophie Müller (Eu-
ropa-Universität Flensburg).

renden Patriarchen weist, ist nicht ersichtlich.[95] Der abgewinkelte rechte Arm zeigt jedenfalls leicht nach unten und legt von daher beispielsweise keine mahnende oder zur Aufmerksamkeit anhaltende Geste nahe, die bei einem Herder-Bildnis ja nicht überraschen würde. Die linke Hand umgreift ein vor der Brust, über dem Herzen gehaltenes schmales Buch größeren Formats, wobei der Zeigefinger quasi als Lesezeichen in der Buchmitte steckt. Weder die Gestalt im Ganzen noch ein anderes Detail weisen indessen darauf hin, dass der Dargestellte vielleicht im Begriffe ist, das Buch im nächsten Moment aufzuschlagen und daraus vorzulesen; nicht auf Zukunft gerichtete, anverwandelnde Aneignung steht auf dem Programm, sondern museales Verehren und Ergötzen. Zudem ist allenfalls mittelbar auszumachen, um welches Buch es sich handeln könnte, möglicherweise um die *Bibel* nämlich. Dafür spricht neben der Profession Herders eine Assoziation, die eine Verbindung zu Johann Gottfried Schadows Luther-Denkmal in Wittenberg von 1821 herstellt, wird doch auch dort ein Buch, die allerdings mittig zwischen Altem und Neuen Testament aufgeschlagene *Bibel*, dem Betrachter präsentiert (s. u.). Doch bleibt die *Bibel*, wenn sie es denn sein sollte, hier im Falle Herders geschlossen und wird damit zu einem dekorativen Requisit herabgestuft.

Zusammengenommen ergeben diese Beobachtungen, dass es sich bei Seffners ausladender Büste um eine bestenfalls andeutungsweise an Geschichte, Sachlogik und zu gestaltender Zukunft orientierte Kompilation handelt. Wir haben es vielmehr mit einem Objekt zu tun, das auf Effekt haschende Repräsentativität setzt und für das die Bezeichnung ‚Historienschinken' nicht ungebührlich erscheint. Dieser ‚Historienschinken' sagt denn auch wenig über Herder und viel über die Erinnerungskultur des erblühten wilhelminischen Establishments zu Beginn des 20. Jahrhunderts aus. Dieser Erinne-

---

[95] Im antiken Rom, dessen Symbolik in die christliche eingegangen ist, signalisierten drei eingebogene Finger bei gestrecktem Daumen und Zeigefinger die Zahl Drei; von daher wäre zu überlegen, ob hier ein Hinweis auf die Dreifaltigkeit einerseits und auf die Doppelnatur Jesu als Mensch und als Gottes Sohn gegeben werden soll.

rungskultur geht es nicht wie dem prozessualem Denken verpflichteten Herder um Humanität und deren Entfaltung, um Vielfalt und Vielstimmigkeit, um lebendige Bildung und lebensnahe Vernunft, um Nationalkulturen und Kulturnationen, sondern statisch um die Absicherung, Apotheose und Ornamentierung eines Status quo mittels zur Anschauung gebrachter Opulenz, Autorität, Würde, Vorbildlichkeit, Geltung, Selbstzufriedenheit und dergleichen mehr.

IV.4 Der ‚ganze‘ Herder

Ludwig Schaller (1804-1865)[96]

Ludwig Schallers Herder-Denkmal, enthüllt am 25. August 1850, befindet sich vor der Stadtkirche St. Peter und Paul, der sogenannten Herderkirche in Weimar.[97]

Abb. 16 (L. Schaller: Johann Gottfried Herder, 1850; GettyImages – 562938413)

Die Statue zeigt einen ebenso gelöst wie stabil stehenden, geradeaus blickenden Herder in Frontalansicht (Körper) und im Dreiviertelprofil (Kopf). Es ist das erste Standbild Herders[98] und eines der

---

96 Schaller, der an der Wiener Akademie der bildenden Künste klassisch ausgebildet wurde, hat zahlreiche Kolossal-Büsten für die Ruhmeshalle König Ludwigs I. geschaffen. Vgl. von Wurzbach (1875) und Krasa-Florian (1994, S. 35).

97 Für die Entstehung dieses Denkmals vgl. *Aufruf* (1845), Künzel (1845) und Schöll (1850).

98 Vgl. auch die Herder-Büste in Eisenguss von 1792 im Seifersdorfer Tal bei Dresden, das Herder-Denkmal von Albert Wolff in Mohrungen von 1854

frühesten Standbilder für einen bürgerlichen Menschen im deutschsprachigen öffentlichen Raum überhaupt.[99] Allein deshalb kommt diesem Denkmal Schallers besondere Bedeutung zu. Diese Bedeutung gewinnt es aber selbstverständlich auch dadurch, dass es an nicht weiter kommentierungsbedürftigem Ort steht und dort sogar sieben Jahre vor dem Goethe-Schiller-Denkmal von Ernst Rietschel errichtet wurde. Zu diesem Goethe-Schiller-Denkmal steht es in kunstgeschichtlicher und in weltanschaulich-gesellschaftlicher Hinsicht ebenso in Verbindung wie zu Johann Gottfried Schadows Luther-Denkmal in Wittenberg von 1821, freilich in unterschiedlicher räumlicher und zeitlicher Entfernung.[100]

Abb. 17 (E. Rietschel: Goethe und Schiller, 1857; Foto: Andreas Praefcke (https://commons.wikimedia.org/wiki/File:Weimar_Goethe-Schiller-Denkmal_2012_02.jpg), „Weimar Goethe-Schiller-Denkmal 2012 02", https://creativecommons.org/licenses/by/3.0/legalcode)

---

und die Teilnachbildung (übernommen ist lediglich der Kopf) des Weimarer Denkmals, die seit 1864 in Riga steht.

[99] Das unterstreicht, wie präsent und wertgeschätzt Herder Mitte des 19. Jahrhunderts ist. – Grabmäler als Zeugnisse an einem besonderen Ort semi-öffentlicher bzw. semi-privater Natur bleiben an dieser Stelle im Übrigen unberücksichtigt.

[100] Auf beide Denkmäler, beispielsweise auf die im Kontext der politisch-gesellschaftlichen Entwicklungen nach 1848 zu verstehende differierende Gewichtung von Goethe und Schiller, kann hier im Einzelnen nicht eingegangen werden.

Abb. 18 (J. G. Schadow: Martin Luther, 1821; Benutzer: FabGuy (https://commons.wikimedia.org/wiki/File:LutherStatueMarktplatzWittenberg.jpg), „LutherStatueMarktplatzWittenberg", Ausschnitt von GH, https://creativecommons.org/licenses/by-sa/3.0/legalcode)

Es hat aufgrund des üppigen, übereinandergeschlagenen schwarzen Gelehrten- bzw. Pastorenrocks, des in der Horizontalen ruhenden, nur leicht nach links gedrehten Kopfes, der vor Brust und Bauch ruhenden, ‚sprechenden' Hände und des leicht nach außen gestellten rechten Fußes teil am Monumentalen, Statuarisch-Geschlossenen des Luther-Standbildes.[101] Andererseits partizipiert es durch den kühn bewegten Faltenwurf und die Schürzung des schwarzen, an eine antike Toga erinnernden und damit Überzeitliches signalisierenden Rocks[102] mit frei gesetztem linken Bein, durch den nach

---

[101] Auffällig ist hier u. a., dass der für eine Schaube charakteristische große Kragen (mit Pelzbesatz) durch eine Schulterpasse ersetzt ist, von der aus sich eine bodenlange, vorn geschlossene Stofffülle ergießt. Das weist Luther mehr als standesbewussten Gelehrten denn als Theologen aus, zumal Schauben in der Reformationszeit immer kürzer wurden.

[102] Das Denkmal erweist sich damit als eine auf einen Kompromiss zwischen Realismus und Idealismus, zwischen Wirklichkeitsnähe (Schadow, Rauch) und Poetisierung (Goethe) hinauslaufende Positionierung im sog. Kostümstreit, der vor allem in der ersten Hälfte des 19. Jahrhunderts die Gemüter bewegt.

vorne gesetzten, weiter als bei Luther über die Sockelplatte reichenden linken Fuß, durch die dadurch bewirkte, auf Überschreitung zielende leichte Schrittstellung, durch die Darstellung des Kopfes im Dreiviertelprofil sowie durch die unterschiedlich agierenden Hände auch an dem Dynamik und Kühnheit ausstrahlenden Goethe-Schiller-Denkmal.

Die Hände: Beim Luther-Denkmal halten diese eine großformatige *Bibel*, die an jener Stelle aufgeschlagen ist, wo das Alte Testament endet und das Neue beginnt. Der Zeigefinger der rechten Hand weist auf die rechte Buchseite, wo „Das Neue Testament verdeutscht von Doktor Martin Luther" zu lesen ist. Luther geht dergestalt ganz in seinem Stand als gelehrter Theologe und in seiner historischen Leistung als Übersetzer der *Bibel* auf.

Anders beim Goethe-Schiller-Denkmal: Goethe hält mit der Rechten den Lorbeerkranz, nach dem auch Schillers Rechte greift, doch diesen um Zentimeter nicht erreicht. Goethes Linke hingegen liegt, den so in Szene gesetzten und niemals aufzuhebenden Abstand zwischen den beiden Dichtern unterstreichend, gönnerhaft-herablassend auf Schillers rechter Schulter, während dessen Linke ein zusammengerolltes Manuskript hält. Erzählt wird also mittels der Hände von den Autoren Goethe und Schiller – anderes wie die Kleidung der beiden erzählt vom sozialen Rang –, und von deren Bedeutung und deren Verhältnis zueinander; hier der Angekommene, der Vollendete, der Olympier, dort der ewig Strebende, der Schreibende, das meint auch: der Unerlöste.

Und bei Herder? Herders rechte Hand ruht, in natürlicher Entspannung, auf seinem Herzen und ,spricht' damit von Aufrichtigkeit, Ehrlichkeit, Glaubwürdigkeit, Herzensbildung und tugendhafter Tatkraft. Die linke Hand hingegen, vor dem Magen und damit vor jenem Organ platziert, durch das im übertragenen Sinne alles hindurch muss, hält einige Blätter, auf deren oberstem zu lesen ist „Licht, Liebe, Leben", jener Wahlspruch also, der über Herders gesamtem Schaffen und Leben steht.

Im Unterschied zu Luther und zu Goethe und Schiller wird Herder also mittels der Hände ganz wesentlich als Persönlichkeit, als Intellektueller, als Charakter, als Mensch erfasst; da Privates aber bei ihm nicht vom Beruflichen, Öffentlichen zu trennen ist – siehe den Wahlspruch, siehe die rechte Hand –, wird er dergestalt zugleich als über seine Zeit hinausweisende Amtsperson erfasst. Privates und Soziales, Theorie und Praxis, Geschichte und Gegenwart, Einsicht und Handeln, Verstand und Herz gehen bei ihm Hand in Hand und machen ihn zu einem durch Humanität geprägten, ganzheitlichen Individuum im klassischen Sinne.[103]

---

[103] In der Summe führen die genannten Befunde dazu, Schallers Denkmal auch gegenüber den Gemälden von Rehberg (Abb. 6) und Graff (Abb. 13) als eine neue Qualität zu begreifen.

V. Zusammenfassung

Abb. 19 (F. Weber Sc, Johann Gottfried Herder;
zwischen 1788 und 1802; Scan GH)

Der Beitrag erinnert zunächst in gebotener Knappheit und unter Berücksichtigung von Wertungsfragen an zentrale Aspekte der komplexen Produktions-, Präsentations- und Rezeptionsbedingungen von biographischen Erzeugnissen wie beispielsweise von Porträts. In impliziter Anlehnung u. a. an Ernst Cassirers These, dass jegliche Wahrnehmung immer schon individuelle Tat, immer schon ein selegierender Akt des Gestaltens und Formens eines (als solches selbstverständlich keinesfalls amorphen) sinnlich Gegebenen ist, wird herausgestellt, dass das Ergebnis der Beschäftigung mit biographischen Zeugnissen, hier mit Porträts, Büsten und Denkmälern, als An-Sicht von zur Ansicht gebrachten An-Sichten zu begreifen ist. Dabei bemisst sich der Wert eines Ergebnisses bzw. einer An-Sicht an Plausibilitätsgraden, die wiederum aus der Anzahl und der Verknüpfung den in den Wahrnehmungs- und Erkenntnisprozess eingespeisten Beobachtungsfähigkeiten, Wissensbeständen und Reflexionsanstrengungen resultieren.

Nachfolgend setzt sich der Beitrag dann mit sechzehn Herder-Bildnissen – Gemälden, Stichen, Büsten und Standfiguren

(Denkmälern) – aus den dramatisch bewegten, d. h. auch (re-)präsentations- und erinnerungskulturell dynamischen vierzehn Jahrzehnten zwischen 1770 und 1910 auseinander. Diese Bildnisse, die einerseits den im Kontext von Konventionen, Traditionen und Innovationsbemühungen stehenden Blick *einiger* Zeitgenossen und *einiger* Nachgeborenen (Künstler, Auftraggeber) auf Herder wiedergeben und andererseits das Herder-Bild *der* Zeitgenossen und *der* Nachgeborenen mit prägten, waren und sind teils frei zugänglich[104] oder begegnen häufiger in einschlägigen Buchpublikationen wie beispielsweise bebilderten Literaturgeschichten; als Repräsentationen eigener Art relativieren sie von daher jenen oftmals geäußerten Eindruck von Herder als einem (zu) gering geschätzten oder sogar vergessenen Autor, der mit Blick auf Herders Werk sicherlich nicht von der Hand zu weisen ist.

Gezeigt wird, dass sich, mit einer Ausnahme, die diskutierten Herder-Bildnisse zwei Absichten bzw. Tendenzen als der realistisch und / oder idealistisch motivierten Fokussierung auf Ständisch-Berufliches oder auf Persönlich-Privates zuordnen lassen: In der einen Tendenz steht Herder als kirchlicher Amtsträger bzw. ein durch Herder repräsentiertes kirchliches Amt im Vordergrund des Interesses – davon zeugt neben der Berufs-Kleidung auch anderes wie beispielsweise bestimmte konventionalisierte Gesten – , in der anderen die Person Herder als eine spezifische charakterliche, intellektuelle und mentale Signatur und Praxis – auch hier spielt neben Kleidung konventionalisiertes Äußeres wie beispielsweise die Haartracht eine wichtige Rolle. Allein Ludwig Schallers Herder-Denkmal in Weimar aus dem Jahr 1850 gelingt es, so geartete Einseitigkeiten der Darstellung zu überwinden und Herder gleichgewichtet als ausübenden, idealisierten kirchlichen Amtsträger und als in Worten und Taten handelnden, zum zeitenthobenen Vorbild taugenden Menschen zu präsentieren.

---

[104] Damit ist die direkte Begegnung im (semi-)öffentlichen Raum (insb. Plätze) und nicht die mittelbare in Buchpublikationen oder im Internet gemeint.

Wie sich die beiden ausgemachten Tendenzen und Schallers Solitär im Sinne einer kritischen Geschichte der (Re-)Präsentations- und Erinnerungskultur, zumal derjenigen der Weimaraner, mit politisch-gesellschaftlichen Gegebenheiten, Interessenlagen und Entwicklungen des zur Rede stehenden Zeitraums in Verbindung bringen lassen, wird in diesem Beitrag nicht eigens verfolgt.

Hier weiter zu fragen, verspricht allerdings weitere Aufklärung über die aufs Ganze gesehen nach wie vor prekäre Präsenz Herders im „Bildungsbewusstsein" (Kantzenbach; s. o.) auch des freilich noch jungen 21. Jahrhunderts.

Zeittafel

Die Zeittafel beschränkt sich auf wesentliche Lebensdaten und -umstände sowie auf profilbildende Schriften und Herausgeberschaften Herders. Erscheinungsjahre sind gegebenenfalls in runde Klammern gesetzt.

1744

25. August: Johann Gottfried Herder kommt als drittes von fünf Kindern des Schullehrers und Küsters Gottfried Herder und dessen Ehefrau Anna Elisabeth geb. Peltz in Mohrungen (Ostpreußen) zur Welt.

1762

Student der Theologie an der Universität Königsberg. Besuch auch der Vorlesungen von Immanuel Kant über philosophische und naturwissenschaftliche Themen.
Hilfslehrerstelle am Collegium Fridericianum.
Freundschaft mit Johann Georg Hamann.

1764

Als Lehrer und Prediger an der Domschule in Riga.

1767

Ueber die neuere deutsche Litteratur (drei *Sammlungen*; anonym erschienen).

1768

Ueber Thomas Abts Schriften. Der Torso von einem Denkmaal, an seinem Grabe errichtet.

1769

Kritische Wälder. Oder Betrachtungen, die Wissenschaft und Kunst des Schönen betreffend, nach Maasgabe neuerer Schriften (vier *Wäldchen*; anonym erschienen).

Seereise von Riga nach Nantes. Mehrmonatiger Aufenthalt in Nantes und Paris. Danach in Brüssel, Antwerpen und Den Haag.
Journal meiner Reise im Jahr 1769 (erstmals vollständig 1846).

1770
In Amsterdam und in Hamburg.
Bekanntschaft mit Lessing, Freundschaft mit Matthias Claudius.
Erzieher beim Erbprinzen von Holstein-Gottorp.
Juli bis September: von Herder vorzeitig abgebrochene Bildungsreise durch Europa mit dem Erbprinzen von Eutin.
25. August: Zum 26. Geburtstag Verlobung mit Karoline Flachsland in Darmstadt.
September: Bekanntschaft mit Goethe in Straßburg. Die Schriften *Über den Ursprung der Sprache* (1772), *Auszug aus einem Briefwechsel über Ossian und die Lieder der alten Völker* (1773) und *Shakespeare* (1773) entstehen.
Missglückte Augenoperationen.

1771
Oberprediger und Konsistorialrat in Bückeburg beim Grafen von Schaumburg-Lippe.
Beginn einer zweijährigen Mitarbeit an Christoph Friedrich Nicolais *Allgemeiner Deutscher Bibliothek.*
Über den Ursprung der Sprache wird von der Akademie der Wissenschaften zu Berlin preisgekrönt.

1772
Erster Kuraufenthalt in Pyrmont.

1773
2. Mai: Eheschließung mit Karoline Flachsland. Aus der Ehe gehen sieben Söhne und eine Tochter hervor.
Von deutscher Art und Kunst. Einige fliegende Blätter (als Herausgeber; darin *Auszug aus einem Briefwechsel über Ossian und die Lieder der alten Völker* sowie *Shakespeare*).

Ursachen des gesunkenen Geschmacks bei den verschiednen Völkern, da er geblühet (1775) wird von der Akademie der Wissenschaften zu Berlin preisgekrönt.

1774
Zweiter Kuraufenthalt in Pyrmont.
Geburt des ersten Kindes Wilhelm Gottfried Christian.
Aelteste Urkunde des Menschengeschlechts. Erster Band, welcher den Ersten, Zweiten und Dritten Theil enthält. Wie die Alten den Tod gebildet? An Prediger. Funfzehn Provinizialblätter. Auch eine Philosophie der Geschichte der Bildung der Menschheit. Beytrag zu vielen Beyträgen des Jahrhunderts (anonym erschienen).

1775
Superintendent in Bückeburg.
Bekanntschaft mit Johann Wilhelm Ludwig Gleim.
Die Bewerbung um eine Theologieprofessur und die Anstellung als Universitätsprediger in Göttingen scheitert.
Briefe zweener Jünger Jesu in unserem Kanon. Nebst einer Probe nichtiger Conjekturen übers N. T. zum Aushange.

1776
Dritter Kuraufenthalt in Pyrmont.
Durch Goethes Vermittlung wird Herder als herzoglich-sächsischer Generalsuperintendent, Oberkonsistorialrat und städtischer Oberpfarrer nach Weimar berufen.
1. Oktober: Übersiedlung nach Weimar.
20. Oktober: Erste Predigt in der Stadtkirche St. Peter und Paul, später mit Beinamen Herder-Kirche versehen.
Aelteste Urkunde des Menschengeschlechts. Zweiter Band, welcher den Vierten Theil enthält.
Diverse Aufsätze im *Teutschen Merkur.*

1777

Vierter Kuraufenthalt in Pyrmont.

Diverse Aufsätze im *Deutschen Museum* (u. a. *Von Aehnlichkeit der mittlern englischen und deutschen Dichtkunst, nebst Verschiedenem, das daraus folget*).

1778

Vom Erkennen und Empfinden der menschlichen Seele. Bemerkungen und Träume.

Lieder der Liebe. Die ältesten und schönsten aus Morgenlande.

Nebst vier und vierzig alten Minneliedern (als Herausgeber).

Plastik. Einige Wahrnehmungen über Form und Gestalt aus Pygmalions bildendem Traume.

Denkmal Johann Winckelmann's (1882).

Volkslieder. Erster Theil (als Herausgeber und Übersetzer).

Ueber die Würkung der Dichtkunst auf die Sitten der Völker in alten und neuen Zeiten wird von der Bayerischen Akademie der Wissenschaften preisgekrönt (1781 mit dem Zusatz *Eine Preisschrift*).

1779

Spannungen im Verhältnis zu Goethe. Arbeitsüberlastung.

Volkslieder. Nebst untermischten andern Stücken. Zweiter Theil (als Herausgeber und Übersetzer; ab 1807 zusammen mit dem ersten Teil unter dem Titel *Stimmen der Völker in Liedern. Gesammelt, geordnet, zum Theil übersetzt durch Johann Gottfried von Herder*).

MAPAN AΘA [*Maran Ata*], *das Buch von der Zukunft des Herrn, des Neuen Testaments Siegel.*

1780

Freundschaft mit Johann Georg Müller.

Streit mit Christoph Friedrich Nicolai.

Briefe, das Studium der Theologie betreffend (Teile 1 und 2).

Vom Einfluß der Regierung auf die Wissenschaften und der Wissenschaften auf die Regierung wird von der Akademie der Wissenschaften zu Berlin preisgekrönt.

1781

Erschütterung über den Tod Lessings.

Briefe, das Studium der Theologie betreffend (Teile 3 und 4).
Ueber den Einfluß der schönen in die höhern Wissenschaften. Von der Bayerischen Akademie der Wissenschaften preisgekrönt.

1782

Vom Geist der Ebräischen Poesie. Eine Anleitung für die Liebhaber derselben, und der ältesten Geschichte des menschlichen Geistes (Erster Teil).

1783

Freundschaft mit Sophie von Schardt.

Vom Geist der Ebräischen Poesie. Eine Anleitung für die Liebhaber derselben, und der ältesten Geschichte des menschlichen Geistes (Zweiter Teil).

1784

Bekanntschaft mit Friedrich Heinrich Jacobi.

Ideen zur Philosophie der Geschichte der Menschheit. Erster Theil.

1785

Erste Badereise nach Karlsbad.

Ideen zur Philosophie der Geschichte der Menschheit. Zweiter Theil.

Zerstreute Blätter. Erste Sammlung (u. a. *Ob Malerei oder Tonkunst eine größere Wirkung gewähre? Ein Göttergespräch*, zuerst 1781).

1786

Zweite Badereise nach Karlsbad.

Zerstreute Blätter. Zweite Sammlung (u. a. mit *Wie die Alten den Tod gebildet? Ein Nachtrag zu Lessings Abhandlungen desselben Titels und Inhalts*, zuerst 1774).

1787

Ehrenmitglied der Berliner Akademie der Wissenschaften.

Ideen zur Philosophie der Geschichte der Menschheit. Dritter Theil.

Zerstreute Blätter. Dritte Sammlung (u. a. *Ueber Bild, Dichtung und Fabel*).

Buchstaben- und Lesebuch.

Gott. Einige Gespräche.

1788

Auf Herders Anregung hin wird in Weimar ein Lehrerseminar eingerichtet.

1788-1789

August: Reise nach Italien, zunächst als Begleiter des Domherrn Johann Friedrich Hugo von Dalberg und Sophie von Seckendorffs. Aufgrund von Unstimmigkeiten Trennung von der Reisegesellschaft. In Rom Teil des Kreises um die sich ebenfalls auf Reisen befindende Herzogin Anna Amalie von Sachsen-Weimar-Eisenach. U. a. Bekanntschaft mit Friedrich Bury, Angelika Kauffmann, Johann Heinrich Meyer, Karl Philipp Moritz, Friedrich Rehberg, Johann Friedrich Reiffenstein, Johann Heinrich Wilhelm Tischbein (genannt Goethe-Tischbein) und Alexander Trippel. Stationen der Italienreise sind u. a. Ancona, Bologna, Bozen, Florenz, Innsbruck, Mailand, Neapel (mit Anna Amalia), Rom, Terni, Venedig und Verona.

1789

Vizepräsident des Oberkonsistoriums für das Herzogtum Sachsen-Weimar-Eisenach.

Beginn der im Zerwürfnis endenden Entfremdung zwischen Herder und Goethe.

1790

Verschlechterung des Gesundheitszustandes und der allgemeinen Befindlichkeit. Im Zuge der in den 1790er Jahren voranschreitenden

Distanzierung vom Klassizismus Goethescher und Schillerscher Prä-
gung greifen Isolation, Pessimismus und Bitternis um sich.
Das letzte Kind Rinaldo wird geboren.

1791

Dritte Badereise nach Karlsbad.
Ideen zur Philosophie der Geschichte der Menschheit. Vierter Theil.

1792

Erster Kuraufenthalt in Aachen.
Zerstreute Blätter. Vierte Sammlung (u. a. *Ueber die menschliche
Unsterblichkeit* und *Ueber Denkmale der Vorwelt. Erstes Stück*).

1793

Zerstreute Blätter. Fünfte Sammlung (u. a. *Andenken an einige ältere Deutsche Dichter. Briefe,* zuerst 1779/81, und *Denkmal Ulrichs
von Hutten,* zuerst 1776).
Briefe zur Beförderung der Humanität. Erste und zweite Sammlung.

1794

Besuch bei Gleim in Halberstadt.
Briefe zur Beförderung der Humanität. Dritte und vierte Sammlung.
Christliche Schriften. Erste Sammlung.

1795

Briefe zur Beförderung der Humanität. Fünfte und sechste Samm-
lung.
Terpsichore. Erster bis Dritter Theil.
Aufsätze in der *Neuen Deutschen Monatsschrift.*
Aufsätze in den *Horen.*

1796

Bekanntschaft mit Jean Paul.
Briefe zur Beförderung der Humanität. Siebte und achte Sammlung.
Christliche Schriften. Zweite Sammlung.

1797

Zerstreute Blätter. Sechste Sammlung (u. a. *Das Land der Seelen. Ein Fragment*, zuerst 1782, und *Ueber Wissen, Ahnen, Wünschen, Hoffen und Glauben*).

Briefe zur Beförderung der Humanität. Neunte und zehnte Sammlung.

Christliche Schriften. Dritte Sammlung.

1798

Christliche Schriften. Vierte Sammlung.

Christliche Schriften. Fünfte Sammlung.

Persepolitanische Briefe (1805).

1798-1800

Enger Kontakt mit Jean Paul.

1799

Kampf gegen Kant.

Verstand und Erfahrung. Eine Metakritik zur Kritik der reinen Vernunft. Erster Theil.

Vernunft und Sprache. Eine Metakritik zur Kritik der reinen Vernunft. Zweiter Theil.

1800

Kalligone. Vom Angenehmen und vom Schönen. Erster Theil.

Kalligone. Von Kunst und Kunstrichterei. Zweiter Theil.

Kalligone. Vom Erhabnen und vom Ideal. Dritter Theil.

1801

Präsident des Oberkonsistoriums für das Herzogtum Sachsen-Weimar-Eisenach.

Nobilitierung durch den bayerischen Kurfürsten Maximilian IV. Joseph.

Adrastea. Bände I und II (als Herausgeber).

1802

Zweiter Kuraufenthalt in Aachen.

Adrastea. Bände III und IV (als Herausgeber).

Der Cid. Nach Spanischen Romanzen besungen durch Johann Gottfried Herder (1805).

1803

18. Dezember: Tod in Weimar

21. Dezember: Beisetzung in der Stadtkirche St. Peter und Paul in Weimar.

Adrastea. Band V (als Herausgeber).

Adrastea. Band VI ([1804]; vornehmlich mit Beiträgen Herders; herausgegeben vom ältesten Sohn Wilhelm Gottfried Christian v. Herder).

Literaturverzeichnis und Internetquellen

3 x Tischbein und die europäische Malerei um 1800 [Johann Heinrich Tischbein d. Ä., Johann Friedrich August Tischbein, Johann Heinrich Wilhelm Tischbein; Katalog anlässlich der Ausstellung Staatliche Museen Kassel, Neue Galerie vom 1. Dezember 2005 bis 26. Februar 2006; Museum der Bildenden Künste Leipzig vom 18. März bis 5. Juni 2006]. Hrsg. von Staatliche Museen Kassel, Michael Eissenhauer und Museum der Bildenden Künste Leipzig, Hans-Werner Schmidt. Katalog: Marianne Heinz. München 2005.

Aufruf zur Errichtung eines Standbildes Johann Gottfried von Herders, zu Weimar. In: *Maurerisches Herders-Album. Gedenkblätter an den Bundesbruder Johann Gottfried von Herder, zur Erinnerung an die Feier seines hundertjährigen Geburtstages am 25ten August 1844.* Hrsg. von Br. [Bruder; GH] Heinrich Künzel. Darmstadt 1845, S. 41-45. Online unter https://books.google. de/books?id=JxNMAQAAMAAJ&pg=PA15&lpg=PA15&dq=-Künzel+Maurerisches&source=bl&ots=p4gafBy_SB&sig=3L-jKJ89Dybie78Np00Hh0OUr58M&hl=de&sa=X&ved=0ahUKE-wiS7Oe-7PzZAhVCIlAKHUfLDJYQ6AEILDAB#v=onepage&-q=Künzel%20Maurerisches&f=false.

Alexander Trippel (1744-1793) – Skulpturen und Zeichnungen – Ausstellung 25. September bis 21. November 1993. In Zusammenarbeit mit dem Schweizerischen Institut für Kunstwissenschaft hrsg. vom Museum zu Allerheiligen in Schaffhausen, Redaktion: Jürg Albrecht. Schaffhausen 1993.

Anonymus: *Herder's ältere Bildnisse in Gemälden und plastischen Werken.* In: *Weimarer Sonntagsblatt* 1857, S. 413ff. (der Hinweis findet sich bei Haym, 2. Band ([1885] 1954, S. 877, Anm. 183; vgl. bestätigend auch das Inhaltsverzeichnis des *Weimarer Sonntagsblatts* für 1857 unter https://digipress.digitale-sammlungen.de/ view/bsb10532217_00007_u001/1; daraus ergibt sich, dass der –

nicht eingesehene – Beitrag im letzten Quartal des Jahres erschienen sein und auf S. 416 oder 417 enden dürfte).

Becker, Bernhard: *Phasen der Herder-Rezeption von 1871-1945*. In: *Johann Gottfried Herder 1744-1803*. Hrsg. von Gerhard Sauder. Hamburg 1987, S. 421-436.

Beyer, Andreas: *Herder-Bildnisse, -Skulpturen und -Monumente in Weimar*. Vortrag, gehalten auf der Jahrestagung *Der ›andere Klassiker‹. Johann Gottfried Herder und die Weimarer Konstellation*. Weimar, 13. bis 15. Oktober 2016.

Berckenhagen, Ekhart: *Anton Graff. Leben und Werk*. Berlin 1967.

-d.: *Steinla, Moritz*. In: *Allgemeine Deutsche Biographie* 35 (1893), S. 741 [Online-Version]; URL: https://www.deutsche-biographie. de/pnd117258709.html#adbcontent.

Der Maler Friedrich Bury (1763-1823). Goethes »«*zweiter Fritz*«. Hrsg. von Museen der Stadt Hanau und Klassik Stiftung Weimar. Berlin / München 2013.

Dobbek, Wilhelm: *Herder*. Erfurt 1950.

Ders., Müller, Johannes (Hg.): *Herder – Eine Lesebuch für unsere Zeit*. Erfurt 1952.

Döppe, Friedrich: *Johann Gottfried Herder (1744-1803). Sein Leben in Bildern*. Leipzig 1953.

Eberhardt, Robert (Hg.): *Anton Graff – Porträts eines Porträtisten*. Berlin 2013.

Emmerling, Ernst: *Herder und Strecker, der Maler des Darmstädter Kreises*. In: *Goethe-Kalender auf das Jahr 1933*. Hrsg. vom Frankfurter Goethe-Museum. Leipzig 1933, S. 62-79.

Engert, Rolf: *Herder. 13 Vorlesungen*. Max-Stirner-Archiv. Leipzig 2004.

Fehlmann, Marc, Verwiebe, Birgit (Hrsg.): *Anton Graff: Gesichter einer Epoche*. Ausstellungskatalog: Museum Oskar Reinhart, Winterthur; Nationalgalerie – Staatliche Museen zu Berlin. München 2013.

Fratzke, Dieter, Albrecht, Wolfgang (Hg.): *Lessings Lebensweg in musealen Bildern*. Kamenz, Lessing-Museum 1994.

Freies Deutsches Hochstift, Frankfurter Goethe-Museum: *Katalog der Gemälde*. Bearbeitet von Sabine Michaelis. Tübingen 1982 (= Reihe der Schriften / Freies Deutsches Hochstift, Bd. 26).

Freitag, Egon: *Enge und Weite. Weimar 1776-1803*. In: *Johann Gottfried Herder, Ahndung künftiger Bestimmung*, 1994, S. 117-216.

Gerhardt, Peter von, Schauer, Hans: *Johann Gottfried Herder – seine Vorfahren und seine Nachkommen*. Leipzig 1930.

Goethe, Johann Wolfgang von: *Italienische Reise. Zweiter Römischer Aufenthalt*. In: *Goethes Werke*. Hamburger Ausgabe in 14 Bänden. Hrsg. von Erich Trunz. Bd. XI, *Autobiographische Schriften III*. München, 12., neubearbeitete Auflage 1981, S. 350-556.

Ders.: *Tagebücher, Bd. VII,2, 1819-1820, Kommentar*. Hrsg. von Edith Zehm, Sebastian Mangold, Ariane Ludwig. Stuttgart, Weimar 2014, S. 771, Kommentar zu 75,20 [= Johann Wolfgang Goethe: *Tagebücher. Historisch-kritische Ausgabe*. Im Auftrag der Klassik Stiftung Weimar hrsg. vom Goethe- und Schiller-Archiv].

Greif, Stefan, Heinz, Marion, Clairmont, Heinrich (Hg.) unter Mitarbeit von Violetta Stolz, Tobias Bender, Anna Meywirth und Nils Lehnert: *Herder Handbuch*. Paderborn 2016.

Grimm, Gunter E.: „*Die Idee, ich hätte so ausgesehen.*" *Goethe-Bilder in den Medien des 19. und 20. Jahrhunderts.* www.goethezeitportal.de/db/wiss/goethe/goethebilder_grimm.pdf (eingestellt am 30.12.2014); erweiterte Fassung der Erstpublikation, in: *Literaturgeschichte und Bildmedien. Goethe-Bilder in Populär-Medien des 19. und 20. Jahrhunderts.* Hrsg. von Achim Hölter, Monika Schmitz-Emans. Heidelberg 2014, S. 129-144.

Groschner, Gabriele (Hg.): *Beredte Hände. Die Bedeutung von Gesten in der Kunst des 16. Jahrhunderts bis zur Gegenwart.* Ausstellungskatalog. Salzburg 2004.

Harich, Wolfgang: *Rudolf Haym und sein Herderbuch. Beiträge zur kritischen Aneignung des literaturwissenschaftlichen Erbes.* Berlin 1955.

Haym, Rudolf: *Herder. Nach seinem Leben und seinen Werken.* 2 Bde. Berlin 1880 u. 1885. Zit. nach der mit einer Einleitung von Wolfgang Harich versehenen Neuausgabe. Berlin 1954.

Herder, Emil Gottfried von (Hg.): *Johann Gottfried von Herder's Lebensbild. Sein chronologisch-geordneter Briefwechsel.* 6 Bde. Erlangen 1846.

Herder, Johann Gottfried: *Journal meiner Reise im Jahr 1769.* Historisch-Kritische Ausgabe. Hrsg. von Katharina Mommsen unter Mitarbeit von Momme Mommsen und Georg Wackerl. Stuttgart 1976.

Holl, Oskar: *Handgebärden.* In: *Lexikon der christlichen Ikonographie,* Bd. 2. Hrsg. von Engelbert Kirschbaum in Zusammenarbeit mit Günter Bandmann u. a. Darmstadt 2012 (= Nachdruck der Ausgabe Freiburg 1968), Sp. 214-216.

Holland, Hyacinth: *Rehberg, Friedrich*. In: *Allgemeine Deutsche Biographie* 27 (1888), S. 584-586 [Online-Version]; URL: https://www.deutsche-biographie.de/pnd116391693.html#adbcontent.

Hopwood, Nick: *Der Embryologe und sein Homunkulus. Deutungen einer Marmorbüste von 1900*. In: *Erkenne Dich selbst! Strategien der Sichtbarmachung des Körpers im 20. Jahrhundert*. Hrsg. von Sybilla Nikolow. Köln, Weimar, Wien 2015, S. 144-178 (Seffner S. 150-152).

http://www.symbolforschung.ch/haende.

Irmscher, Hans Dietrich: *Johann Gottfried Herder*. Stuttgart 2001.

Johann Gottfried Herder, Ahndung künftiger Bestimmung [erschienen anlässlich der Ausstellung der Stiftung Weimarer Klassik in Zusammenarbeit mit der Staatsbibliothek zu Berlin – Preußischer Kulturbesitz zum 250. Geburtstag von Johann Gottfried Herder; Kunsthalle am Theaterplatz, 22. Juli bis 26. August 1994; Zentrales Ausstellungsgebäude der Staatlichen Museen Preußischer Kulturbesitz Berlin, 16. Dezember 1994 bis 28. Januar 1995]. Hrsg. von der Stiftung Weimarer Klassik, Goethe-Nationalmuseum. [Ausstellung und Katalog: Egon Freitag, Christian Juranek; Katalogredaktion: Elke Richter]. Stuttgart, Weimar 1994 (= Edition Weimarer Klassik, Band 2).

Juranek, Christian: *Grundlegung und Existenzverbreiterung. Bückeburg 1771-1776*. In: *Johann Gottfried Herder, Ahndung künftiger Bestimmung*, 1994, S. 81-115.

Kantzenbach, Friedrich Wilhelm: *Herder*. Reinbek bei Hamburg 1970 (= Rowohlts Monographien, Bd. 164).

Kessler, Martin, Leppin, Volker: *Johann Gottfried Herder. Aspekte seines Lebenswerks*. Berlin 2005.

Kiesewetter, Annika: *Wagner, Franz Johann Daniel Lebrecht.* In: *Pariser Lehrjahre. Ein Lexikon zur Ausbildung deutscher Maler in der französischen Hauptstadt.* Band 1: *1793–1843.* Hrsg. von Bénédicte Savoy, France Nerlich. Berlin/Boston 2013, S. 300–302.

Klencke, Hermann: *Herder. Historischer Roman.* 4 Bde. Leipzig 1852.

Kluxen, Andrea M.: *Das Ende des Standesporträts. Die Bedeutung der englischen Malerei für das deutsche Porträt 1760–1848.* München 1989.

Könnecke, Gustav: *Bilderatlas zur Geschichte der deutschen Nationalliteratur. Eine Ergänzung zu jeder deutschen Litteraturgeschichte.* Marburg 1886.

Ders.: *Deutscher Literaturatlas.* Marburg 1908.

Krasa-Florian, S: *Schaller, Ludwig.* In: Österreichisches Biographisches Lexikon 1815-1950 (ÖBL). Band 10. Wien 1994.

Kröll, Christina: *Klauer, Martin.* In: *Neue Deutsche Biographie* 11 (1977), S. 713 f. [Online-Version]; URL: https://www.deutsche-biographie.de/pnd118640186.html#ndbcontent.

Kruse, Joachim: *Johann Heinrich Lips 1758-1817 – Ein Zürcher Kupferstecher zwischen Lavater und Goethe.* Coburg 1989.

Kühnemann, Eugen: *Herders Leben.* München 1895.

Ders.: *Herder.* Zweite, neu bearbeitete Auflage. München 1912.

Ders.: *Herder.* Dritte Auflage. München 1927.

Künzel, Heinrich: *Einleitendes zum Herders-Album.* In: *Maurerisches Herders-Album. Gedenkblätter an den Bundesbruder Johann*

Gottfried von Herder, zur Erinnerung an die Feier seines hundert-jährigen Geburtstages am 25ten August 1844. Hrsg. von Br. [Bruder] Heinrich Künzel. Darmstadt 1845, S. I-X. Online unter https://books. google.de/books?id=JxNMAQAAMAAJ&pg=PA15&lpg= PA15&dq=Künzel+Maurerisches&source=bl&ots=p4gafBy_ SB&sig=3LjKJ89Dybie78Np00Hh0OUr58M&hl=de&sa=X&- ved=0ahUKEwiS7Oe-7PzZAhVCIlAKHUfLDJYQ6AEILDAB#- v=onepage&q=Künzel%20Maurerisches&f=false.

Lacher, Reimar F. (Hg.): *Von Mensch zu Mensch. Porträtkunst und Porträtkultur der Aufklärung.* Göttingen 2010 (= Schriften des Gleimhauses Halberstadt; Bd. 7).

Ders., Pott, Ute (Hg.): *Tempel der Freundschaft, Schule der Humanität, Museum der Aufklärung: 150 Jahre Gleimhaus.* Halberstadt 2013.

Lavater, Johann Caspar: *Physiognomische Fragmente, zur Beförderung der Menschenkenntniß und Menschenliebe, Dritter Versuch.* Leipzig und Winterthur 1777.

Maurer, Michael: *Johann Gottfried Herder. Leben und Werk.* Köln 2014.

Maierhofer, Waltraud: *Angelika Kauffmann.* Reinbek bei Hamburg 1997.

Mommsen, Katharina: *Nachwort.* In: Herder, Johann Gottfried: *Journal meiner Reise im Jahr 1769.* Historisch-Kritische Ausgabe. Hrsg. von Katharina Mommsen unter Mitarbeit von Momme Mommsen und Georg Wackerl. Stuttgart 1976, S. 187-271.

Müller, Katrin: *Finger.* Unter: http://www.bibelwissenschaft.de/ de/wibilex/das-bibellexikon/lexikon/sachwort/anzeigen/details/finger-at/ch/20394449034bbf20ccae6f41827de5cf/. (Eingesehen am 3. Dezember 2017).

Nadler, Josef: *Herder-Bildnisse*. Königsberg 1930 (= Bilderhefte des deutschen Ostens, Nr. 8).

Natter, Tobias G. (Hg.): *Angelika Kauffmann. Ein Weib von ungeheurem Talent*. Ostfildern 2007.

Nübel, Birgit, Tröger, Beate: *Herder in der Erziehung der NS-Zeit*. In: *Herder im ‚Dritten Reich'*. Hrsg. von Jost Schneider. Bielefeld 1994, S. 51-73.

Paul, Jean: *Vorschule der Ästhetik*. In: Ders.: *Sämtliche Werke*, Abteilung I, Bd. 5, hrsg. von Norbert Miller. Frankfurt 1996.

Pohlsander, Hans A.: *National Monuments and Nationalism in 19th Century Germany*. Oxford, New York 2008 (= New German-American Studies / Neue Deutsch-Amerikanische Studien, Bd. 31).

Probst, Jörg, Klenner, Jost Philipp (Hg.): *Ideengeschichte der Bildwissenschaft – Siebzehn Porträts*. Frankfurt am Main 2009.

Reisiger, Hans: *Johann Gottfried Herder. Sein Leben in Selbstzeugnissen, Briefen und Berichten*. Berlin 1942.

Sachs-Hombach, Klaus (Hg.): *Bildwissenschaft. Disziplinen, Themen, Methoden*. Frankfurt am Main 2005.

Schöll, Adolf (Hg.): *Das Herderfest in Weimar am 25. August 1850: Programm, Chorgesang, Festreden der Herren Hofrath Schöll und Geh. Kirchenrath Dr. Horn, Urkunde zur Bestätigung der Übergabe des Herderdenkmals durch den Geschäftsverein an den Stadtrath von Weimar, sowie die Toaste bei dem Festessen auf dem Stadthause, und die Festrede des Herrn Direktors Sauppe auf dem Gymnasium am 26. August*. Weimar 1850.

Scholke, Horst (Bearb.): *Der Freundschaftstempel im Gleimhaus zu Halberstadt. Porträts des 18. Jahrhunderts. Bestandskatalog.* Mit einem Essay von Wolfgang Adam. Hrsg. vom Gleimhaus Halberstadt. Leipzig 2000.

Charlotte Schreiter: *Antike um jeden Preis. Gipsabgüsse und Kopien antiker Plastik am Ende des 18. Jahrhunderts.* Berlin, Boston 2014.

(*Steinla, Moritz*): http://www.stadtwikidd.de/wiki/Moritz_Steinla.

Stoll, Adolf: *Der Maler Joh. Friedrich August Tischbein und seine Familie. Ein Lebensbild nach den Aufzeichnungen seiner Tochter Caroline.* Stuttgart 1923.

Thieme, Ulrich, Becker, Felix u. a.: *Allgemeines Lexikon der bildenden Künstler.* Leipzig 1935. Nachdruck München 1992.

Wagner, Andreas: *Arm.* Unter: http://www.bibelwissenschaft.de/ wibilex/das-bibellexikon/lexikon/sachwort/anzeigen/details/arm-at/ ch/69ddf8d0f13c476453dac92c8a82bae3/. (Eingesehen am 3. Dezember 2017).

Ders.: *Hand.* Unter: http://www.bibelwissenschaft.de/de/wibi-lex/das-bibellexikon/lexikon/sachwort/anzeigen/details/hand-at/ ch/3e851f2dbc09f9806766b9e4ad2d09f4/. (Eingesehen am 3. Dezember 2017).

Werche, Bettina: *Kräuters Skizze des Rokokosaales der Großherzoglichen Bibliothek.* In: *Anna Amalia, Carl August und das Ereignis Weimar. Jahrbuch der Klassik Stiftung Weimar 2007.* Hrsg. von Hellmut Th. Seemann. Göttingen 2007, S. 244–271.

Dies.: *Vom Ideal zum Idol – Zum Funktionswandel der ersten nach Schillers Tod entstandenen Bildnisse.* In: *Schillers Schädel. Phy-*

siognomie einer fixen Idee. Hrsg. von Jonas Maatsch, Christoph Schmälzle. Göttingen 2009, S. 35–61.

Wieland, Christoph Martin: *Kunstnachrichten.* In: *Der Teutsche Merkur*, Bd. 20 (Heumond 1781, Drittes Vierteljahr). Weimar 1781, S. 94-96.

Wurzbach, Constantin von: *Ludwig Schaller.* In: *Biographisches Lexikon des Kaiserthums Österreich.* 29. Theil. Wien 1875, S. 102–106.

Zaremba, Michael: *Johann Gottfried Herder. Prediger der Humanität. Eine Biografie.* Köln 2002.

Verzeichnis der gezeigten, genannten oder gesichteten Abbildungen

Wilhelm Heinrich Gottlieb Baisch: Herder (Lithographie, 1820; nach einem Gemälde von Gerhard von Kügelgen aus dem Jahre 1809; Staatsbibliothek zu Berlin – Preußischer Kulturbesitz, Handschriftenabteilung: Inv.Nr. Portr. Slg / Lit. gr / Herder, Johann Gottfried, Nr. 24, b012739).

Caroline Bardua: Herder (Öl auf Leinwand, 1810, 70,5 x 60,5 cm; nach einem Gemälde von Gerhard von Kügelgen aus dem Jahre 1809; Goethe-Nationalmuseum, Weimar, Gemäldesammlung vor 1860: Inv.Nr. KGe/00210).

Friedrich Bury: Herder, Johann Gottfried (Kreidezeichnung auf Karton, 1799; Freies Deutsches Hochstift / Frankfurter Goethe-Museum: Inv.Nr. III-15249; Foto: Ursula Edelmann, o. J.). Hier Abb. 12.

Johann Adolph Darnstedt: Herders Büste [im Landschaftspark Seifersdorfer Tal bei Radeberg]. (Stich, 1792; Online Collection der Staatlichen Kunstsammlungen Dresden).

Bernhard Frank: Friedrich Schiller (Reliefmedaillon, 1796; Kopie des Reliefmedaillons von Johann Heinrich Dannecker aus dem Jahre 1794; Landesmuseum Württemberg: Inv.Nr. WLM 12159).

Carl (Karl) Franke: Herder (Büste, Gips, 1830, 56 cm; Goethe-Nationalmuseum, Weimar, GNM Vortragssaal = Blauer Saal: Inv.Nr. KP1/00191).

Gasc, Rosina de: Gotthold Ephraim Lessing (Öl auf Leinwand, vor 1778, möglicherweise vor 1768, 78,6 x 64,6 cm; Gleimhaus Halberstadt, Porträtsammlung Freundschaftstempel: Inv.Nr. A 045).

Anna Gerhardt: Caroline Herder, geb. Flachsland als Psyche (Aquarell, 1941; nach einem Aquarell nach 1770; Gleimhaus Halberstadt, Porträtsammlung Freundschaftstempel: Inv.Nr. AN 140-10).

Johann Christian Benjamin Gottschick: Herder (Radierung, 1791; Gleimhaus Halberstadt: Inv.Nr. P3 Herder 04, alte Inv.Nr. Ca 0488, alte Katalog-Nr. a. B.).

Ders.: Herder (Kupferstich, 1803; nach einem Porträt von Johann Friedrich August Tischbein aus dem Jahre 1796; Staatsbibliothek zu Berlin – Preußischer Kulturbesitz, Handschriftenabteilung: Inv. Nr. Portr. Slg / Lit. gr / Herder, Johann Gottfried, Nr. 29, b012744; vgl. auch Österreichische Nationalbibliothek, Wien, Bildarchiv und Grafiksammlung, Porträtsammlung: Inv.Nr. PORT_00090152_01).

Ders.: Herder (Kupferstich, um 1805; nach einem Gemälde von Gerhard von Kügelgen; https://www.akg-images.de/CS.aspx? VP3=SearchResult&VBID=2UMESQ0Z65N2H&SMLS=1&R-W=1459&RH=853#/SearchResult&VBID=2UMESQ0Z65N2H&S-MLS=1&RW=1459&RH=853&POPUPPN=7&POPUPIID=2U-MEBMHYQBL3; Bild-Nr. AKG3010474.

Anton Graff: Gotthold Ephraim Lessing (Öl auf Leinwand, Brustbild nach rechts, 1770, 57,5 x 46,3 cm; Herzog August Bibliothek, Wolffenbüttel: Inv.Nr. B 119).

Ders.: Gotthold Ephraim Lessing (Öl auf Leinwand, Brustbild nach links, 1771; Kunstsammlung der Universität Leipzig, Rektoratsgebäude: Inv.Nr. 4557/90).

Ders.: J. G. Herder (Porträt, 1785; Gleimhaus Halberstadt, Porträtsammlung Freundschaftstempel: Inv.Nr. A 111;). Hier Abb. 13.

Ders. oder Ferdinand Jagemann: Herder (Kreidezeichnung, 1803; Herder-Institut für historische Ostmitteleuropaforschung – Institut der Leibniz-Gemeinschaft, Marburg: Inv.Nr. 249917).

Carl Jäger: Herder (Freie Kopie nach einem Gemälde von Gerhard von Kügelgen aus dem Jahre 1809, ca. 1870; vgl. https://www.akg-images.de/archive/-2UMDHUQJEQW.html.).

Ferdinand Jagemann oder Anton Graff: Herder (Kreidezeichnung, 1803; Herder-Institut für historische Ostmitteleuropaforschung – Institut der Leibniz-Gemeinschaft, Marburg: Inv.Nr. 249917).

Angelika Kauffmann: Herder (Kreidezeichnung, Studie zum Bildnis Johann Gottfried Herders, 1789, 50 x 38 cm; vorarlberg museum, Bregenz: Inv.Nr. Z 0404; Foto: Robert Fessler, vorarlberg museum). Hier Abb. 8.

Dies.: Herder (Porträt in Öl, 1791, 63,4 x 52,3 cm; Freies Deutsches Hochstift / Frankfurter Goethe-Museum: Inv.Nr. IV-1986-005). Hier Abb. 9.

Martin Gottlieb Klauer: Herder (Büste, Kalkstein, 1781, 67 cm; Herzogin Anna Amalia Bibliothek, Weimar, Raum 105: Inv.Nr. KPl/01695). Vgl. die Reproduktion Abb. 2.

Paul Konewka: Eduard Mörike (Schnitt, 1867. In: Könnecke, 1908).

Georg Melchior Kraus: Abendgesellschaft bei der Herzogin Anna Amalia (auch: Tafelrunde; Zeichnung und Aquarell, um 1795, 32 x 43,2 cm; Herder ist ganz rechts zu sehen; Goethe-Nationalmuseum, Weimar, Dauerausstellung „Lebensfluten – Tatensturm").

Gerhard von Kügelgen: Herder (Öl auf Leinwand, 1809, 71 x 61 cm; Universitätsbibliothek Dorpat; Inv.Nr. nicht ermittelt).

Sally von Kügelgen: Johann Gottfried Herder (Öl auf Leinwand, um 1910, 73,2 x 62,2 cm; nach einem Gemälde von Gerhard von Kügelgen aus dem Jahre 1809; Freies Deutsches Hochstift / Frankfurter Goethe-Museum: Inv.Nr. IV-00983).

Johann Heinrich Lips: Herder (Kupferstich, um 1774, 19,5 x 17cm; nach der Zeichnung eines unbekannten Künstlers. In: Johann Caspar Lavater: *Physiognomische Fragmente, zur Beförderung der Menschenkenntniß und Menschenliebe, Dritter Versuch.* Leipzig und Winterthur 1777, S. 262; Herzogin Anna Amalia-Bibliothek; Buchsignatur: Bb 2 : 111 (c); Foto: Siegrid Geske, 1994). Hier Abb. 5.

C. [Johann Christian Ernst] Müller: Herder (Kupferstich in Crayonmanier, vor 1806, 46,2 x 32,5 cm; nach einer Kreidezeichnung von Friedrich Bury von 1800; siehe beispielsweise http://www.uibk. ac.at/brenner-archiv/literaturlandkarte/herder1.jpg).

Carl Hermann Pfeiffer: Herder (Punktierstich, 1800, 38,3 x 27,3 cm; nach einem Porträt von Johann Friedrich August Tischbein aus dem Jahre 1795; Goethe-Nationalmuseum, Weimar, Graphische Sammlung, Porträts: Inv.Nr. KGr/01536). Hier Abb. 11.

Heinrich Pfenninger: Herder (Radierung, 1764; Staatsbibliothek zu Berlin – Preußischer Kulturbesitz, Handschriftenabteilung: Inv.Nr. Portr. Slg / Lit. gr / Herder, Johann Gottfried, Nr. 25, b012740).

Christian Daniel Rauch: Goethe (Büste, 1820; Goethe-Nationalmuseum, Weimar, Dauerausstellung „Lebensfluten – Tatensturm").

Friedrich Rehberg: Johann Gottfried Herder (Öl auf Leinwand, um 1784, 75,3 x 62,3 cm; Goethe-Nationalmuseum, Weimar, Gemäldesammlung: Inv.Nr. KGe/01171; Foto: Sigrid Geske, o. J. [1993 oder 1994]). Hier Abb. 6.

Ders.: Federzeichnung (Herder, am Tisch sitzend, 1789. In: Dobbek und Müller, 1952, nach S. 320).

Ders. (Zeichner) und Tobias Falke (Radierer): Herder (Radierung, 1791; Berlin, Staatsbibliothek zu Berlin – Preußischer Kulturbesitz, Handschriftenabteilung: Inv.Nr. Portr. Slg / Lit. gr / Herder, Johann Gottfried, Nr. 28, b012743.

Karl Traugott Riedel: Herder (Kupferstich; Brustbild, 1812; nach Johann Heinrich Tischbein dem Jüngeren; Museum im Schloss Lützen, Sammlung Oskar Planer: Inv.Nr. PI 343).

Ernst Ludwig Riepenhausen: Herder (Radierung, 1777; Staatsbibliothek zu Berlin – Preußischer Kulturbesitz, Handschriftenabteilung: Inv.Nr. Portr. Slg / Lit. gr / Herder, Johann Gottfried, Nr. 20, b012735).

Ernst Rietschel: Lessing (Denkmal, 1853; Braunschweig, Lessingplatz).

Ders.: Goethe-Schiller (Denkmal, 1856/57; Weimar; Foto: Andreas Praefcke (https://commons.wikimedia.org/wiki/File:Weimar_Goethe-Schiller-Denkmal_2012_02.jpg), „Weimar Goethe-Schiller-Denkmal 2012 02", https://creativecommons.org/licenses/by/3.0/legalcode). Hier Abb. 17.

Johann Gottfried Schadow: Luther (Denkmal, 1821; Wittenberg; Benutzer: FabGuy (https://commons.wikimedia.org/wiki/File:LutherStatueMarktplatzWittenberg.jpg), „LutherStatueMarktplatzWittenberg", Ausschnitt von GH, https://creativecommons.org/licenses/by-sa/3.0/legalcode). Hier Abb. 18.

Ludwig Schaller: Herder (Standbild, 1850; Weimar, Stadtkirche St. Peter und Paul, sog. Herderkirche; GettyImages - 562938413). Hier Abb. 16.

Carl August Schwerdgeburth: Joh. Gottfr. v. Herder (Kupferstich; Brustbild, o. J.; Museum im Schloss Lützen, Sammlung Oskar Planer: Inv.Nr. PI 344).

Carl Ludwig Seffner: Herder (Kupferbüste, 1908; Bückeburg; Denkmal: Arthur Schulz; Benutzer: Stebra (https://commons.wikimedia. org/wiki/File:HerderDenkmal.jpg), „HerderDenkmal", https://creativecommons.org/licenses/by-sa/3.0/legalcode). Hier Abb. 15.

Lazarus Gottlieb Sichling: Johann Gottfried Herder (Stich, undatiert, 26 x 20,5 cm; nach Anton Graffs Gemälde aus dem Jahre 1785; Goethe-Nationalmuseum, Weimar, Porträtsammlung; Graphische Sammlung: Inv.Nr. KGr/01513).

Moritz Steinla: Herder (Kupferstich, vermutlich nach 1830, 25,8 x 18,6 cm; nach einem Porträt von Friedrich Rehberg; Goethe-Nationalmuseum, Weimar: Inv.Nr. KGr[…], ID: 203118; Foto: Sigrid Geske, 1993). Hier Abb. 7.

Joseph Karl Stieler: Goethe (Ölbild, 1828; Neue Pinakothek, München: Inv.Nr. WAF 1048).

Johann Ludwig Strecker: Johann Gottfried Herder (Porträt in Öl, 1775; Hessisches Landesmuseum Darmstadt: Inv.Nr. GK-587; © Foto: Hessisches Landesmuseum Darmstadt). Hier Abb. 1.

Ders.: Marie Caroline Flachsland, spätere Herder (Porträt in Öl, 1771; Hessisches Landesmuseum Darmstadt: Inv.Nr. GK-1479).

Ders.: Luise Herzogin von Sachsen-Weimar-Eisenach, geb. Prinzessin von Hessen-Darmstadt (Porträt, 1772/73; Freies Deutsches Hochstift / Frankfurter Goethe-Museum: Inv.Nr. IV/1281).

Christian Friedrich Tieck: Goethe (Büste [sog. „a-tempo-Büste"], 1820, Gips, 57 cm; Goethe-Nationalmuseum, Weimar, Nationalmuseum, 2. Obergeschoß / Erinnerung, Vitrine 6: Inv.Nr. GPI/00942).

Johann Heinrich Tischbein d. Ä.: Jugendbildnis des Gotthold Ephraim Lessing (Öl auf Leinwand, um 1755, 45,2 x 36,5 cm; Nationalgalerie Berlin: Inv.Nr. A I 54).

Johann Friedrich August Tischbein: Herder (Öl auf Leinwand, 1795, 90 x 70 cm; Fürstliche Kunstsammlung, Schloss Bückeburg: Rauchersalon: Inv.Nr. 133). Hier Abb. 14.

Ders.: Herder (Öl auf Leinwand, 1796, 47,5 x 39,5 cm; Goethe-Nationalmuseum, Weimar; Zentrales Museumsdepot / Zwischendepot: Inv.Nr. DGe/00048; Foto: Sigrid Geske, o. J. (1993 oder 1994). Hier Abb. 10.

Alexander Trippel: Johann Gottfried Herder (Marmorbüste, 1. Fassung, 1789/90; Goethe-Haus; Download GH; aus: Goethezeitportal, http://www.goethezeitportal.de/wissen/projektepool/goethe-italien/rom-kuenstler/rom-trippel.html). Hier Abb. 3.

Ders.: Johann Gottfried Herder (Marmorbüste, 2. Fassung, 1790, mit Sockel 80 cm; Herzogin-Anna-Amalia Bibliothek, Weimar: Inv. Nr. Pl 16/1980; Download GH; aus: Goethezeitportal, http://www. goethezeitportal.de/wissen/projektepool/goethe-italien/rom-kuenstler/rom-trippel.html). Hier Abb. 4.

Unbekannt: Caroline Flachsland (um 1770. In: Dobbek und Müller, 1952, nach S. 80).

Unbekannt: Herder und seine Frau Caroline am Kaffeetisch (Scherenschnitt, um 1785. In: Dobbek und Müller, 1952, nach S. 112).

Unbekannt: Herder (Lithographie, 1801/1866; Berlin, Staatsbibliothek zu Berlin – Preußischer Kulturbesitz, Handschriftenabteilung: Inv.Nr. Portr. Slg / Lit. gr / Herder, Johann Gottfried, Nr. Nr. 1, b012716.

Unbekannt: Herder (Lithographie, 1838; Berlin, Staatsbibliothek zu Berlin – Preußischer Kulturbesitz, Handschriftenabteilung: Inv.Nr. Portr. Slg / Lit. gr / Herder, Johann Gottfried, Nr. 18, b012733.

Unbekannt: Herder (Stahlstich, 1839/1855; Berlin, Staatsbibliothek zu Berlin – Preußischer Kulturbesitz, Handschriftenabteilung: Inv. Nr. Portr. Slg / Lit. gr / Herder, Johann Gottfried, Nr. 27, b012742).

Unbekannt: Marie Caroline Herder, geb. Flachsland (Ölbild, um 1820, 50 x 40 cm; nach dem Original von Johann Ludwig Strecker von 1771; Goethe – Nationalmuseum, Gemäldesammlung: Inv.Nr. GE 1214).

Unbekannt: Herder (Denkmal bzw. -Büste, 1864; Abguss des oberen Teils des Schaller-Denkmals, Weimar 1850; Riga, Herder-Platz).

William Unger: Franz Grillparzer (Radierung, vor 1891; nach einem Gemälde von Daniel Penther aus den Jahren um 1865; Beethoven-Haus Bonn: Inv.Nr. B 202).

F. Weber Sc: Herder (Stich; untertitelt „Johann Gottfried Herder, Herzogl. Sachsen Weimarischen Vicepräsident des Ober Consistoriums etc etc."; zwischen 1788 und 1802, 15,8 x 10,4 cm Blattgröße. Im Besitz des Verfassers. Hier Abb. 19.

Albert Wolff: Herder (Bronzebüste, 1854; Mohrungen, kath. Pfarrkirche St. Peter und Paul).

Der Autor

Günter Helmes ist pensionierter Professor für Neuere deutsche Literaturwissenschaft, Medienwissenschaft und deren Didaktik an der Europa-Universität Flensburg. Er hat zahlreiche Arbeiten zur Literatur-, Kultur- und Mediengeschichte des 18. bis 21. Jahrhunderts vorgelegt. Zu seinen Arbeitsschwerpunkten gehören: Literatur und (Medien-)Kultur des Kaiserreichs, der Weimarer Republik und der 1950er-Jahre, Deutsch-Jüdische Literatur, Vergessene AutorInnen der Moderne, Film- und Fernsehgeschichte der BRD und der DDR, Literatur und Film der Gegenwart.

SchriftBilder
Studien zur Medien- und Kulturwissenschaft
Herausgegeben von Günter Helmes und Stefan Greif

Band 1:
Günter Helmes (Hg.): „*Schicht um Schicht behutsam freilegen.*"
Die Regiearbeiten von Rainer Wolffhardt.
Br., 376 S., 49,90 €; ISBN 978-3-86815-553-2

Band 2:
Janna Rakowski: *Ilija Trojanows „Der Weltensammler". Ein postkolonialer Roman?*
Br., 148 S., 34,90 €; ISBN 978-3-86815-558-7

Band 3:
Nils Lehnert: *Oberfläche – Hallraum – Referenzhölle. Postdramatische Diskurse um Text, Theater und zeitgenössische Ästhetik am Beispiel von Rainald Goetz' Jeff Koons.*
Br., 208 S., 36,90 €; ISBN 978-3-86815-566-2

Band 4:
Ada Bieber: *Zyklisches Erzählen in James Krüss' „Die Geschichten der 101 Tage".*
Br., 408 S., 46,90 €; ISBN 978-3-86815-551-8

Band 5:
Christian Volkmann: *Geschichte oder Geschichten? Literarische Historiographie am Beispiel von Adam Scharrers „Vaterlandslose Gesellen" und Uwe Timms „Morenga".*
Br., 172 S., 34,90 €; ISBN 978-3-86815-575-4

Band 6:
Kathrin Holzapfel: *„Ich liebe nur wenige Bilder!"*
Georg Forster, die Kunst und ihre Beschreibung.
Br., 268 S., 42,90 €; ISBN 978-3-86815-579-2

Band 7:
Phillipp Haack: *Leben als „Gleichgewichtsstörung".*
Erfahrungen des Fremdseins in den Romanen Markus Werners.
Br., 340 S., 39,90 €; ISBN 978-3-86815-596-9

Band 8:
Günter Helmes, Günter Rinke (Hg.): *Gescheit, gescheiter, gescheitert? Das zeitgenössische Bild von Schule und Lehrern in Literatur und Medien.*
Br., 288 S., 29,90 €; ISBN 978-3-86815-713-0

Band 9:
Hans Behrens: *Anpassung – Abwehr – Aufbruch. Deutsch-jüdische Literatur zwischen 1935 und 1947 am Beispiel der Erzähltexte „Auf drei Dingen steht die Welt" und „Die Waage der Welt" von Gerson Stern.* Br., 300 S., 46,90 €; ISBN 978-3-86815-716-1

Band 10:
Aurica E. Borszik, Hanna Mateo (Hg.): *B. Traven – der (un)bekannte Schriftsteller*
Br., 200 S., 34,90 €; ISBN 978-3-86815-718-5

Band 11:
Ricart Brede, Julia; Tahiri, Naima (Hg.): *Essen und Trinken: Multidisziplinäre Perspektiven auf menschliches Alltagshandeln in unterschiedlichen Kulturen*
Br. 312 S., 39,90 €; ISBN 978-3-86815-727-7